I0171660

www.ingramcontent.com/pod-product-compliance
Lightning Source LLC
Chambersburg PA
CBHW060815050426
42449CB00008B/1677

سه دهه جدال بی فرجام

نگاهی به دگرگونی ها در منطقه خاورمیانه پس از انقلاب اسلامی ایران

چشم انداز و پیامدهای رابطه جمهوری اسلامی ایران و امریکا در منطقه

رضا فانی یزدی

آغاز گفتگو،

پیش از سه دهه از تنش میان دو کشور آمریکا و جمهوری اسلامی ایران می گذرد، مردم و دولت در این دو کشور بیشتر از هر کس دیگری در این تنش و جدال بی فرجام هزینه داده و این در حالیست که بسیاری از دول دیگر چه در نقش میانجی و چه در نقش دو به هم زن ، منافع سرشاری را در این میانه به نفع خود به جیب زده اند.

اکنون در وضعیت تازه ای قرار گرفته ایم، هر دو طرف در عین تاکید بر اختلافات گذشته اما به نظر می رسد که به دنبال راه حلی برای پایان بخشیدن به این مناسبات خصمانه هستند، اما هر کدام کلید حل مشکل را در دست دیگری قرار داده و مدعی هستند که اگر طرف مقابل حسن نیت داشته باشد، راه گفتگو باز بوده و مشکل حل خواهد شد.

آخرین بار آقای جان کری وزیر جدید امور خارجه ایالات متحده در اولین سفر خارجی خویش در این مقام در دیدار خود با آقای ویلیام هیگ وزیر خارجه کشور بریتانیا گفت که " انتخاب واقعا در دست ایرانی هاست و ما امیدواریم که آنها انتخاب درستی داشته باشند" و این در حالیست که چند هفته پیش رهبر جمهوری اسلامی ایران گفته بود که " نظام اسلامی و ملت ایران ، بر عکس دلتمردان آمریکایی اهل منطق هستند، بنابراین اگر از طرف مقابل حرف و رفتار منطقی ببینند به آن پاسخ می دهند ".

این امیدواری اکنون به وجود آمده است که جدال بی فرجام سه دهه گذشته میان جمهوری اسلامی ایران و ایالات متحده به آخرین مراحل خود رسیده وافق جدیدی در مناسبات دو کشور قابل رویت است که در آن به جای تقابل و تنش، گفتگو و مصالحه ای بر پایه احترام متقابل، رعایت منافع ملی دو کشور و امنیت و آسایش برای مردم در منطقه پیداست.

کتاب پیش رو، تلاشی است در جهت نشان دادن زمینه های پیدایش تنش سی ساله و امکان دست یابی به یک صلح عادلانه و چشم انداز و پی آمدهای صلح و مناسبات دوستانه برای دو کشور، مردم آنها و کل منطقه خاورمیانه .

رضا فانی یزدی

اسفند ماه ۱۳۹۱

نگاهی به دگرگونی های منطقه پس از انقلاب اسلامی تا کنون

در آخرین سالهای حکومت محمدرضاشاه، شاید منطقه خاورمیانه یکی از باثبات ترین و آرام ترین دوران های تاریخی خود را تجربه می کرد. در کشورهای اصلی و قدرتمند در این منطقه حکومت هایی متمایل به امریکا برسر کار بود.

در ایران حکومت شاه در اوج قدرت خود بود و آرامش نسبی چنان برقرار بود که کارتر در سفر خود ایران را جزیره ثبات نامید. در ترکیه نظامیان حاکم بر کشور قدرت مطلقه داشتند و همه امور تحت کنترل آنها بود. در پاکستان ژنرال ضیاءالحق پس از کودتا بر علیه حکومت ذوالفقار علی بوتو و دستگیری او سلطه نظامی خود را بر کشور مسلط کرده و در یک تفاهم کامل با امریکا نقش منطقه ای خود را در حفظ تعادل منطقه ای ایفا می کرد.

در مصر پس از درگذشت جمال عبدالناصر در سال ۱۹۷۰ و روی کار آمدن سادات کم کم روابط این کشور با غرب رو به بهبودی گذاشته و با سفر سادات به اسرائیل در۱۹۷۷ و در پی آن، امضای قرارداد صلح در ۱۹۷۹، مصر به عنوان یکی از قدرت های اصلی این منطقه در جبهه امریکا قرار گرفت و با حکومت های متمایل به غرب در این منطقه بهترین مناسبات دوستانه را برقرار کرد و به یکی از دوستان شاه ایران تبدیل شد.

در اردن شاه حسین سرکار بود که بهترین مناسبات با امریکا و دولت های دوست امریکا را داشت و از متحدین اصلی حکومت ایران و شاه بود و مناسبات دوستانه او با شاه زبانزد عام و خاص بود و ایران در حقیقت یکی از استراحت گاه های او محسوب می شد.

پادشاه عربستان سعودی، ملک خالد نیز در حلقه دوستان امریکا در منطقه جای ویژه خویش را داشت و در دوستی با حکومت ایران جزو حلقه دوستان

نزدیک پادشاه ایران محسوب می شد. در افغانستان پس از ۴۰ سال حکومت ظاهر شاه که بهترین مناسبات دوستانه را با حکومت ایران داشت، داماد او داوود خان با کودتایی بدون خونریزی در سال ۱۹۷۳ قدرت را در دست گرفت و با اعلام حکومت جمهوری در افغانستان به نظام پادشاهی در این کشور پایان داد. داوود خان گرچه در ابتدا مناسبات دوستانه ای با شوروی داشت اما کم کم در سیاست های خویش به نفع غرب چرخش چشمگیری انجام داد و با حکومت ایران روابط دوستانه تری برقرار کرد.

در این دوران، یعنی آخرین سالهای حکومت شاه در ایران، تقریبا تمام قدرت های اصلی در این منطقه در مدار دوستی با غرب و ایالات متحده زندگی می کردند.

حکومت عراق نیز که در دوران حسن البکر مناسبات دوستانه ای با اتحاد شوروی داشت، در آخرین سالهای پیش از انقلاب و پس از سرکوب کمونیست ها در عراق کم کم مناسباتش با غرب رو به بهبودی گذاشت. صدام که در واقع مرد اول سیاست عراق در آن سالها بود پس از دیدار با شاه ایران در الجزایر و امضای قرارداد الجزیره در ۱۹۷۵ به سالها تنش سیاسی در مناسبات ایران و عراق پایان داد و جزو کشورهای دوست ایران در منطقه قرار گرفت.

در آن زمان، حکومت ایران خود محور اصلی یک از بلوک های قدرت سیاسی در منطقه بود و نقش ژاندارم منطقه را برای امریکا ایفا می کرد. ایران عضو پیمان سنتو (Central Eastern Treaty Organization) و یکی از قدرتهای اصلی آن بود. دیگر اعضای این پیمان ترکیه، پاکستان، عراق و انگلستان بودند. عراق سالها بود که پس از کودتای نظامیان برهبری عبدالکریم قاسم (۱۹۵۹) و سرنگونی پادشاهی فیصل از عضویت در این پیمان خارج شده بود.

گرایش عمومی کشورها و قدرت های سیاسی در این منطقه به غرب و امریکا، موقعیت ویژه ای را برای اسرائیل نیز فراهم کرده بود. اسرائیل به عنوان قدرت اصلی منطقه، بدون رقیب و بدون کمترین نگرانی از درگیری

های احتمالی در آینده، سیاست خود را چه مستقیم و چه غیرمستقیم از طریق امریکا و حامیان منطقه ای او پیش می برد.

در واقع بزرگترین بلوک قدرت منطقه، بلوک ضد شوروی بود که روز به روز حلقه محاصره خود را بدور این کشور تنگ تر و تنگ تر می کرد. ایران در این میانه جای ویژه ای داشت و به یکی از مراکز اصلی شنود و فعالیت های جاسوسی برعلیه شوروی تبدیل شده بود و بیش از ۴۰ هزار مستشار نظامی امریکا در ایران بسر می بردند و بسیاری از آنها به فعالیت های خود برعلیه شوروی مشغول بودند.

نکته قابل توجه این است که رقابت در این دوران میان کشور های منطقه، از نوع رقابت درون یک بلوک واحد بود. بلوک سیاسی ای که رهبری آن در اختیار امریکا بود و آنها نقش خود را در واکنش های درون بلوکی بازی می کردند. از بسیاری از بلوک بندی های بعدی مثل تقابل کشور های شیعه و سنی، عرب و غیرعرب، اسلامی و غیراسلامی خبری نبود. تقریبا همه کشور های منطقه با ویژگی هایی که بعدا آنها را در بلوک های مختلف دسته بندی کرد، در کنار یکدیگر و تحت رهبری امریکا همزیستی مسالمت آمیزی داشتند.

کودتای کمونیستی در افغانستان

کودتای حزب دمکراتیک خلق در افغانستان به رهبری نورمحمد تره کی و با حمایت و مشارکت مستقیم شوروی ها در سرنگونی حکومت داوودخان، اولین تلنگر به نظم بلوک سیاسی ضدروسی در منطقه بود که با واکنش بسیار شدید همه کشور های منطقه و جهان مواجه گردید.

این کودتا در بهار ۱۳۵۷ تقریبا کمتر از یک سال پیش از انقلاب ایران اتفاق افتاد و به تشدید فعالیت های ضدشوروی در همه کشور های منطقه منجر گردید. طولی نکشید که همه اعضای بلوک امریکایی در منطقه خاورمیانه و در راس آنها عربستان سعودی، ایران و پاکستان دست به کار مقابله با حکومت نوپای کودتایی در افغانستان شدند. سازمان های اطلاعاتی در همه کشور های فوق با ایجاد واحدهای ویژه به نوعی مقدمات تشکیل یک بریگارد

واحد زیر پرچم اسلام را برعلیه حکومت کفر و کمونیسم و دست نشانده شوروی در این کشور، فراهم آورند.

حکومت ایران تا آخرین ماه های عمر خود در سال ۱۳۵۷ نیز هم چنان نقش فعالی در عملیات خرابکارانه در افغانستان ایفا می کرد. انقلاب در ایران، بزرگترین شوک سیاسی در منطقه بود. با انقلاب در ایران و خروج رسمی ایران از پیمان دوجانبه با امریکا و خروج از پیمان سنتو که به فروپاشی این پیمان نیز منجر گردید، محور اصلی اتحاد عمل بلوک ضدشوروی در منطقه شکسته شده و بسیاری از معادلات سیاسی در این منطقه به هم ریخت.

چندی پس از انقلاب و پس از گروگان گیری و سپس جنگ ایران و عراق، وضعیت منطقه از چند نظر دستخوش دگرگونی های جدی شد.

۱- جزیره ثبات آریامهری با توفان انقلاب در ایران درهم پاشید.
۲- پیمان سنتو در هم ریخت.
۳- پایگاه های جاسوسی و شنود برعلیه روسیه جمع شدند.
٤- مستشاران نظامی امریکایی مجبور به ترک ایران شدند.
٥- با ورود شاه به امریکا، سفارت امریکا اشغال شد. روابط ایران و امریکا قطع شد و مناسبات دو کشور به خصومت گرائید.
٦- با بسته شدن سفارت امریکا یکی از مراکز اصلی فعالیت جاسوسی امریکا در منطقه تعطیل شد.
۷- روابط ایران با مصر پس از دعوت سادات از شاه برای سفر به آن کشور قطع شد.
۸- روابط ایران با عربستان سعودی رو به تیرگی گذاشت. ایرانی ها در مراسم حج در این کشور برای اولین بار با راه اندازی تظاهرات عظیم برعلیه امریکا و اسرائیل، نظم این کشور را در هم ریختند. و برای نخستین بار در مکه و مدینه تظاهرات بزرگ ضدامریکایی و ضداسرائیلی برگزار گردید.
۹- ایران به مرکز گردهمایی ها و نشست های جنبش های ضداسرائیلی، ضدامریکایی و گروه های سیاسی اسلامی تبدیل شد.
۱۰-با اعلام روز جهانی قدس در ایران هر ساله تظاهرات بزرگ بر علیه اسراییل و آمریکا بر گزار گردیده و فضای ضد اسرائیلی به همه منطقه سرایت پیدا کرد.

۱۱-صف بندی جدیدی در منطقه به محوریت ایران، لیبی و سوریه ایجاد شد که بعدا جبهه پایداری نام گرفت. دیگر اعضای آن جمهوری دمکراتیک یمن، جمهوری دمکراتیک صحرا (جبهه پولیساریو)، سازمان آزادیبخش فلسطین، و جنبش هایی چون جنبش آزادیبخش اریتره بودند.

زلزله سیاسی همه معادلات سیاسی منطقه را در هم ریخته بود و دو جبهه و بلوک بندی جدید همزمان در حال شکل گیری بود.

جبهه وسیعی از همه کشورهای اسلامی به رهبری امریکا برعلیه شوروی در کمک به مجاهدین افغانی در افغانستان شکل گرفت و همزمان قدرت جدیدی در منطقه برعلیه امریکا و غرب و اسرائیل در حال شکل گیری بود و روز به روز قدرتمندتر می شد، جبهه ای که در گذشته هیچ گاه در این ابعاد قدرت عرض اندام نداشت. حتی در دوران ناصر نیز هیچگاه مصر قادر نشد که جبهه ای در این ابعاد و آن هم با کاریزمای انقلابی و کاتالیزور اسلامی بوجود آورد. نقش اصلی را در این بلوک، حکومت جدید ایران به عهده گرفته بود. اسلام گرایی بر همه منطقه سایه افکنده بود.

موج جدید اسلامگرایی در منطقه

دو عامل مهم که در شکل گیری موج جدید اسلامگرایی نقش اصلی داشتند، یکی لشکرکشی روسیه به افغانستان و دیگری انقلاب ایران به رهبری روحانیت شیعه در ایران بود.

مداخله اتحاد شوروی در امور داخلی افغانستان، تدارک و انجام کودتا و سپس حمله نظامی به این کشور، برای امریکا که بطور جدی نگران پیشرفت شوروی در منطقه خلیج فارس بود، موجب شکل گیری دکترین کارتر در این منطقه گردید که اساس آن توقف هرگونه مداخله و حضور خارجی در این منطقه برای کنترل منابع انرژی بود. کارتر در سخنرانی سالانه خود در ۲۸ ژانویه ۱۹۸۰ صراحتا اعلام کرد که برای جلوگیری از کنترل بر این

منطقه حتی اگر لازم باشد به تقابل نظامی نیز دست خواهد زد. در ادامه همین سیاست بود که رهبری امریکا نیروهای واکنش سریع را بوجود آورد که بعدا در دوران ریگان در سال ۱۹۸۳ به ایجاد مرکز فرماندهی نیروهای امریکا (CENTCOM) منجر شد که همان مرکز اصلی تصمیم گیری عملیات نظامی در منطقه خاورمیانه، شمال افریقا و آسیای مرکزی است.

گسترش حضور نظامی امریکا و CENTCOM به تغییرات جدی در این منطقه منجر گردید. یکی ازپیامدهای اولیه دکترین کارتر در این منطقه که در نتیجه رویارویی با شوروی در افغانستان پدیدار شد، ایجاد یک ائتلاف بزرگ سیاسی تحت پوشش اسلام برای مقابله با کمونیسم در افغانستان بود. یک سر این جریان در دست عربستان سعودی و دیگر شیخ های واپس گرای منطقه بود و از کمک های مالی آنها بهره می برد و سر دیگرش در دست ژنرال های پاکستانی در سازمان اطلاعاتی ارتش پاکستان (ISI) و سیاستمداران امریکا قرار گرفته بود.

در آن سالهای جنگ با به اصطلاح کفر و کمونیسم در افغانستان، عربستان سعودی و امریکا بیش از ۴۰ میلیارد دلار صرف کمک مالی به پاکستان برای تجهیز و تربیت مجاهدین مسلمان افغانی کردند و پیشرفته ترین تجهیزات نظامی را در اختیار آنها قرار دادند که یک قلم آن دوهزار موشک پیشرفته استینگر FIM-42 از نوع زمین به هوا بود که هنوز پس از ۳۰ سال برخی از آنها به صاحبان اصلی اش برگردانده نشده و احتمالا نیروهای طالبان و القاعده با همان موشک ها در سالهای بعدی به شکار بالگردها و هواپیماهای امریکایی پرداختند.

سرمایه گذاری چند ده میلیارد دلاری امریکا و عربستان در همکاری با ژنرال های مرتجع پاکستانی در ISI در سالهای جنگ با شوروی، به شکل گیری نیرویی منجر گردید که در دهه های بعدی به یک جریان بزرگ سیاسی- مذهبی از نوع اسلام سیاسی بنیادگرا مبدل شد.

مجهزسازی و سازماندهی نیروهای جهادی در کشورهای عربی و مسلمان، برای اعزام و تشویق آنها به مقابله با کفروکمونیسم در جبهه های افغانستان،

موجب شد که در تمام کشورهای اسلامی و عربی، جنب و جوش تازه ای پدیدار شود. بخش قابل توجهی از جریان های وابسته و اعضای اخوان المسلمین در این دوره موفق به سازماندهی جدیدی از نیروهای خود شدند. بخش خفته جریان اسلامی که در دهه های ۶۰ و ۷۰ میلادی زیر تاثیر ناسیونالیسم عربی و ناصریسم و یا کمونیست ها بود، حالا به کمک و تشویق سازمان های اطلاعاتی و امنیتی در این کشورها برای اعزام به جبهه های افغانستان فعال شده و موفق شدند نه تنها هزاران نفر را تجهیز کرده و به جبهه های افغانستان روانه کنند که در درون کشورهای خود یک بدنه پشتیبانی و لجستیکی بزرگ برای جمع آوری کمک های مالی و ارسال تجهیزات و کمک ها و تشویق داوطلب ها به شرکت در جنگ علیه روسیه بوجود آوردند. در همین سالهاست که شاهد بازسازی جریان اسلام سیاسی بنیادگرا در همه این کشورها هستیم. اولین نشانه های این جریان را در پیوند ایمان الظواهری – یکی از رهبران اخوان المسلمین - با اسامه بن لادن – یکی از مسلمان های بنیادگرای وهابی – در شکل گیری سازمان القاعده می بینیم، جریانی که در سالهای بعدی به یک شبکه جهانی بنیادگرایی اسلامی مبدل شده و بیشتر عملیات جهادی و تروریستی را از افغانستان گرفته تا بوسنی و چچنی و سومالی و حتی تا قلب امریکا در نیویورک هدایت و رهبری می کنند.

سازماندهی مجاهدین افغانی و یارگیری جهانی برای آنها و تجهیز آنها به سلاح های فوق مدرن برای مقابله با شوروی، فقط در ابعاد جبهه های جنگ در افغانستان محدود باقی نماند، به همه کشورهای اسلامی سرریز کرد و به یک بیداری عمومی در جریان های بنیادگرای اسلامی منجر گردید.

پیدایش اسلام ضد آمریکایی

در مقابل و شاید بهتر بتوان گفت در کنار این جریان، یک جریان دیگر اسلام گرای سیاسی نیز بوجود آمد. جریانی که رهبری آن در اختیار رهبران جمهوری اسلامی ایران بود و نه تنها از غرب و ایالات متحده حرف شنوی نداشت بلکه بیشتر منافع آنها را هدف گرفته بود. این جریان گرچه با شعار

نه شرقی — نه غربی ادعای مقابله و مبارزه بر علیه هر دو ابرقدرت زمان، شوروی و امریکا را داشت، اما لبه تیز حمله آن به سوی غرب و امریکا و اسرائیل بود و به جای اتکاء به دولت های عربی — اسلامی در تجهیز جنبش مقاومت اسلامی، به گروه ها و جنبش های مقاومت چشم دوخته و با اتکا به منابع خود در کشورهای اسلامی به جنبش سازی و جریان سازی اسلام سیاسی از نوع ضد آمریکایی آن مشغول بود.

انقلابیون مسلمان ایرانی از همان ابتدای شکل گیری حکومت اسلامی در ایران، تحت پوشش های گوناگون از ایجاد واحد جنبش های آزادی بخش در سپاه گرفته تا برگزاری کنفرانس ها و گردهمایی های آشکار و پنهان در ایران و دیگر کشورها، به سازماندهی جنبش جدیدی دست زدند، جنبشی که ویژگی بارز آن، ضدامریکایی و ضد اسرائیلی بودن آن بود و هدفش تجهیز احساسات مردم مسلمان در دو زمینه بود. اول ایجاد یک جنبش فراگیر و همراه با شعارهای حکومت جدید اسلامی در ایران بر علیه امریکا و اسرائیل در منطقه و دوم سازماندهی مقاومت در تک تک کشورهایی که به ادعای رهبران جمهوری اسلامی توسط مشتی حکام فاسد، خائن به اسلام و نوکر غرب اداره می شد.

جمهوری اسلامی و رهبران آن از آنجا که وارث یک انقلاب بزرگ مردمی در منطقه بودند، به مثابه آهن ربایی عمل کردند که همه نیروهای انقلابی و آزادی بخش را در همان ماههای اولیه شکل گیری حکومت دینی و انقلابی به خود جذب نمود. بی جهت نبود که در فردای پیروزی انقلاب ایران، آقای عرفات بدون گرفتن اجازه و ویزای ورود به کشور به فرودگاه مهرآباد وارد شد و در مقابل پرسش خبرنگاران که آیا مقامات ایرانی را در جریان سفر خود گذاشته و یا اجازه ورود گرفته است، مدعی شد که کسی برای ورود به کشور خودش اجازه لازم ندارد. پس از او و در روزها و ماههای بعد رهبران جنبش های آزادیبخش یکی پس از دیگری برای دیدار با مقامات حکومت جدید انقلابی در ایران وارد کشور می شدند و در تهران دفاتر نمایندگی سازمانهای خود را افتتاح می کردند.

رهبران جمهوری اسلامی ایران از همان ابتدا با تمرکز روی مساله فلسطین، که در این منطقه بیشترین توجه مردم کوچه و خیابان را در همه کشورهای

اسلامی به خود جلب می کرد، موفق شدند که دروازه ورود به قلب و ذهن و احساسات مردم را گشوده و در دل آنها خانه کنند. استقبال مردم کوچه و خیابان از انقلاب اسلامی ایران و رهبری آن در میان همه مسلمانان منطقه، فارغ از شیعه و سنی بودن آنها، موجب شد که وحشت جدیدی در حکومت های این منطقه بر علیه نظام نوپای جمهوری اسلامی و پیام انقلابی-اسلامی آن بوجود آید. این وحشت در مراحل بعدی خود به بلوک بندی های جدیدی در منطقه منجر گردید. این بلوک بندی جدید در اولین سالهای پس از انقلاب ایران، در جریان حمله صدام به ایران و کمک کشورهای عربی مرتجع در منطقه به او خود را به نمایش گذاشت. حکومت عربستان سعودی حداقل ۲۵ میلیارد دلار کمک مالی در طول جنگ در اختیار صدام گذاشت و از همه امکانات اطلاعاتی و مخابراتی خود از جمله استفاده از هواپیماهای آواکس امریکایی که در اختیار آنها بود برای کمک به صدام استفاده کرد.

در این دوره چنانکه قبلا اشاره کردم، ما شاهد دو جریان موازی اسلام گرا در منطقه هستیم. جبهه اسلام گرایی ضدشوروی به رهبری امریکا-عربستان سعودی و پاکستان، و جبهه اسلام گرایی ضدامریکا به رهبری جمهوری اسلامی ایران و کشورهای عضو جبهه پایداری که تفاوت اصلی و عمده این دو جبهه در دوچیز بود.

آ - جبهه ضد امریکایی به رهبری جمهوری اسلامی ایران، مورد استقبال مردم بود و حمایت میلیونی مردم کوچه و خیابان را در همه کشورهای عربی-اسلامی در پشت خود داشت در حالیکه جبهه ضد شوروی از چنین حمایتی برخوردار نبود و در زندگی روزانه مردم در کشورهای اسلامی نقشی نداشت و فقط شبکه هایی که بیشتر از طرف حکومت های درست شده بودند را در اختیار داشت.

ب – جبهه ضد امریکایی از اعضای جبهه پایداری (سوریه، لیبی، جمهوری دمکراتیک یمن و سازمان آزادیبخش و ...) تشکیل شده بود. با اینکه اعضای این جبهه دولت ها بودند، اما ویژگی اصلی آنها، انقلابی بودن شان بود. دولت های عضو جبهه پایداری در منطقه در آن دوران تقریبا همگی به عنوان حکومت های انقلابی شناخته شده بودند و اکثریت مردم در آن کشورها به حکومت های فوق به عنوان حکومت های

انقلابی نگاه می کردند. در عین حال حضور جریاناتی مثل سازمان آزادیبخش فلسطین و شخصیت هایی مثل عرفات در کنار افرادی چون هواری بومدین رهبر الجزایر، معمر قذافی و حافظ اسد و برخی دیگر از رهبران جنبش های آزادیبخش که همگی در مبارزه اصلی که در منطقه بین اعراب و اسرائیل در جریان بود در جبهه حامی فلسطینی ها قرار داشتند، این جبهه را در کنار مردم منطقه قرار می داد. و این در حالی بود که جبهه اسلامی ضد شوروی که شیخ های عرب و ژنرال ضیاءالحق شخصیت های منطقه ای آن بودند، از کمترین محبوبیت و حمایت مردمی، نه در کشورهای خود و نه در منطقه، بر خوردار نبود و اکثر رهبران حکومت های فاسد عضو آن، در حقیقت بیشتر از روسها در میان مردم خود مورد تنفر بودند.

این دو جبهه عملا منطقه و جهان اسلام را به دو نیمه تقسیم کرده بود. البته در بعضی مناطق مثل بوسنی و یا حتی در افغانستان هر دو جبهه شرکت فعال داشتند و حتی رقابتی در جریان بود. مثلا در بوسنی در کنار پاسداران ایرانی، القاعده ای ها نیز حضور داشتند و یا در افغانستان، جمهوری اسلامی ایران در مناطق شیعه نشین با کمک رهبران مذهبی به ساختن جریان های مورد علاقه خود مشغول بود. در افغانستان حزب نصر که روحانی طرفدار ایران، آقای مزاری، رهبری آن را در اختیار داشت کاملا از سیاست های ایران پیروی می کرد و عملا به پراکسی ایران در آن منطقه تبدیل شده بود.

نکته جالب توجه این بود که برخلاف پیش بینی و سیاست های امریکا در دوران کارتر و حتی ریگان که تصور می کردند انقلاب اسلامی در ایران نیز به محاصره بیشتر و تنگ تر شدن کمربند سبز (اسلامی) به دور شوروی و جمهوری های آسیایی آن منجر می شود، جبهه اسلامی جدید به رهبری ایران کمترین نقشی را در این میانه بازی نکرد. این جبهه از آنجا که اعضای اصلی آن مثل لیبی، سوریه، الجزایر و سازمان آزادیبخش فلسطین و یمن دمکراتیک همه با شوروی روابط نزدیک و دوستانه ای داشتند، عملا در مبارزه علیه شوروی کمترین قدمی

برنداشت و در هیچ کدام از مناطق حوزه نفوذ روس ها، به جز افغانستان، کمترین مزاحمتی برای روسها بوجود نیاورد.

در حقیقت شاید این تعبیر آیت الله خمینی از اسلام امریکایی و اسلام انقلابی را بتوان به این معنا فهمید که جبهه ضد روسیه همان اسلام امریکایی بود و جبهه ضد امریکایی همان اسلام انقلابی. و گویا آیت الله خمینی و طرفداران او تصمیم گرفته بودند که نقش اسلام امریکایی را به عهده نگیرند. اسلام سیاسی از نوع ایرانی از همان ابتدا برای امریکا و دوستان منطقه ای او چون اسرائیل و عربستان سعودی بیشتر مشکل زا شد. اما اسلام ضد شوروی، تا اشغال افغانستان ادامه داشت.

با خارج شدن نیروهای روسی از افغانستان و سقوط حکومت نجیب، و چند سال پس از آن فروپاشی اتحاد جماهیر شوروی و دیگر کشورهای سوسیالیستی در شرق اروپا، کار اصلی این جبهه و ماموریت ضد کمونیستی آن نیز تمام شد. ولی عناصر این جبهه، پس از سالهای طولانی جنگ و بهره گیری از میلیاردها دلار کمک عربستان سعودی و امریکا و دیگر حامیانشان و حمایت برخی از ژنرال های مستقر در ISI در پاکستان، حالا به یک نیروی جدی مبدل شده بودند و ادعاهای جدیدی را در سطح جهانی داشتند. شبکه تروریستی القاعده حالا دیگر منحصر به عده ای جهادی باز مانده از جبهه های افغانستان نبودند. آنها به یک شبکه بزرگ جهانی مبدل شده و در همه کشورهای اسلامی ادعای حق آب و گل داشتند و از آنجا که در طول سالها جنگ در افغانستان و در مشاورت با سازمان های اطلاعاتی و جاسوسی و خرابکاری غرب و پاکستان بخوبی تربیت شده و از مهارت های جنگی و تروریستی بسیار بالایی برخوردار بودند، می توانستند در هر منطقه بحرانی در کشورهای اسلامی سریعا جا گرفته و در عملیات جنگی نقش جدی ایفا نمایند. چنانکه بعدا می بینیم در عراق در سالهای اول اشغال این کشور توسط ایالات متحده، القاعده یکی از نیروهای اصلی در ترور، بمبگذاری و تخریب است.

پس می بینیم که پروژه بیداری اسلامی که ایالات متحده در آن نقش اصلی را برای مهار اتحاد شوروی بازی کرد، پس از یک دهه به زایش

نیروی جدیدی در جهان ما تبدیل شد که عملا همه بخش های آن بیشتر برعلیه خود ایالات متحده به کار گرفته شدند و چنانکه در ادامه توضیح خواهم داد به بزرگترین چالش سیاسی امریکا پس از فروپاشی اتحاد جماهیر شوروی مبدل گردید.

بلوک بندی های منطقه پس از انقلاب ایران

همانطور که اشاره شد، رهبران انقلابی نظام جدید حکومتی ایران به دلایل گوناگون، که در مطلب دیگری باید به بررسی آن پرداخت، در فاصله کوتاهی پس از انقلاب کشور را از مدار یکی از قدرت های منطقه ای همراه با غرب خارج نموده و خود سردمدار یک بلوک جدید سیاسی در منطقه شدند که تماما آرایش سیاسی منطقه را در هم ریخت.

اهمیت استراتژیک ایران، ثروت ملی و نقش تاریخی کشور در منطقه و اعتبار بزرگ ترین انقلاب مردمی در تاریخ چند دهه گذشته، موجب شد که بسیاری از جریان های سیاسی و حکومت ها در منطقه در جبهه ایران قرار گرفته و هرچه بیشتر خود را با سیاست های منطقه ای ایران تطبیق دهند. همین استقبال سیاسی از انقلاب و رهبری آن در منطقه از طرف دیگری باعث شد که رهبران جمهوری نوپای اسلامی در ایران، برای جلب هرچه بیشتر نیروهای انقلابی و مردمی و اسلامی و حکومت ها و جنبش های آزادی بخش ملی به رادیکالیسم بیشتر کشانده شده و روز بروز مواضع رادیکال تری را چه در مقابله با امریکا و اسرائیل و چه حتی در زمینه های اقتصادی و اجتماعی در داخل کشور در پیش گیرند. آنها از طرفی در یک رقابت ناگفته و پنهان با اپوزیسیون رادیکال و چپ گرای داخلی نیز روز به روز به مواضع رادیکالتری کشانده می شدند.

رادیکالیسم در مواضع داخلی و خارجی رهبران نظام اسلامی به نتایج معینی در قطب بندی های جدید سیاسی در منطقه منجر گردید. تقریبا همه کشورهای دوست سابق ایران در منطقه در طی یک پروسه چندساله

به دشمنان منطقه ای ایران تبدیل شدند. مناسبات ایران با بعضی از آنها بشدت به سردی و در بعضی موارد به خصومت و قطع کامل مناسبات دیپلماتیک انجامید.

این وضعیت که هنوز کمابیش ادامه دارد، برای بلوک بندی های جدید و کشورهای منطقه سود و زیان های معینی را به دنبال داشت. آنهایی که از وضعیت جدید سود می بردند، خواهان ادامه سیاست خصمانه ایران با ایالات متحده بوده و همه تلاش خود را برای افزایش خصومت بکار بستند.

در دهه نخست عمر نظام اسلامی و تا زمانی که شوروی هنوز برپا بود، اتحاد جماهیر شوروی و سایر کشورهای سوسیالیستی از فقدان مناسبات عادی ایران با ایالات متحده سود برده و هرگز مشوق عادی سازی مناسبت سیاسی بین دو کشور نبودند. جمهوری اسلامی ایران نه تنها برای آنها یک طرف قراردادهای تجاری سودآور بود که در محافل بین المللی نیز در بلوک کشورهای تحت نفوذ آنها قرار داشت و در عین حال امکانات گذشته را از امریکایی ها سلب نموده و اجازه فعالیت های جاسوسی در داخل ایران را که هزاران کیلومتر مرز مشترک با شوروی داشت، از آنها گرفت.

قطع مناسبات با امریکا، برای بعضی از کشورهای اروپایی نیز که جایگزین شریک های امریکایی در بازار ایران شده بودند نیز سودهای کلانی را به ارمغان می آورد.

برخی از کشورهای این منطقه با اغراق در نقش خرابکارانه ایران، نقش باج بگیر پیدا کرده و با برجسته کردن خطر ایران، سالانه میلیاردها دلار کمک های مستقیم و غیرمستقیم از همسایگان خویش در منطقه و یا امریکا دریافت می کردند. و حتی تحت همین عنوان به همکاری های اطلاعاتی و امنیتی با اسرائیل و امریکا به موقعیت جدیدی در منطقه دست یافتند. عربستان سعودی به عنوان یکی از کشورهایی که امکان مقابله با ایران را دارد، بیشترین تسلیحات نظامی را از امریکا خریداری کرد که بسیاری از آنها را درحالت عادی هرگز به این کشور نمی

فروختند. عراق در دوران صدام تقریبا از همه شیخ های منطقه و بویژه از پادشاه عربستان بیشترین باج ها را دریافت کرد و پاکستان و ترکیه نیز از ره آورد دشمنی میان ایران و امریکا به موقعیت های ویژه ای دست پیدا کردند. این همه در حالیست که اگر نظام سیاسی در ایران با غرب مناسبات عادی می داشت، داستان به کلی به شکل دیگری بود که در فرصت دیگری به آن می پردازم.

رو در رویی دو بلوک قدرت در جهان

این بخش گرچه رابطه مستقیمی با مطلب فوق ندارد، اما قابل توجه است که پیامدهای فروپاشی سوسیالیسم بر ایران به عنوان طلایه دار جنبش اسلام سیاسی چه بوده است.

در دنیای دو قطبی گذشته، دنیای تقسیم جهان به دو اردوگاه بزرگ سوسیالیسم و سرمایه داری و مناطق نفوذ آنها، تقریبا همه ساختارهای موجود سیاسی بر دو شالوده اصلی سوسیالیسم و سرمایه داری بنا گردیده بود. بازیگران میدان سیاست، چه رهبری حکومت ها و چه جنبش های سیاسی از هر نوع آن، به اجبار در یک سوی این تقسیم بندی بزرگ جهانی قرار می گرفتند و برای بقای خود و ادامه حیات، شریان زندگی خود را به یکی از این منابع نامحدود قدرت جهانی وصل می کردند. حضور در هر کدام از این دو حوزه قدرت جهانی محدودیت ها و وابستگی هایی به همراه داشت که تاثیر آن در سمت گیری های سیاسی- اقتصادی و اجتماعی، به روشنی آشکار بود.

در دنیای دو قطبی دوران جنگ سرد، برای بسیاری از کشورها این امکان واقعا وجود داشت که با قرار گرفتن در یک طرف این بازی جهانی، تا حدودی جلوی آسیب پذیری خود را در مقابله با طرف دیگر بگیرند. در عین حال بخاطر رقابت جهانی میان دو قدرت امکان مانور

و چانه زنی میان این دو ابرقدرت جهانی نیز ممکن بود. کشور ها معمولا وقتی در یک طرف این قطب بندی جهانی قرار می گرفتند، تا حدود زیادی از تعرض طرف مقابل در امان بودند.

تعادل نسبی میان دو نظام سیاسی متخاصم در سطح جهانی، تا حدود زیادی سایه خودش را بر تمام جهان انداخته بود و حاشیه های امن زندگی را برای حکومت های تحت نفوذ دو بلوک فراهم می کرد، در عین حال در این وضعیت هیچ قدرت دیگری امکان مداخله جدی در مسائل جهانی را بدون توافق قدرت های بزرگ جهانی در دو سمت این تقابل پیدا نمی کرد. کمترین تلاش در جهت تاثیرگذاری در مناسبت جهانی از طرف قدرت های کوچک تر، موجبات تنبیه را فراهم می آورد و در صورت پافشاری، کشور طغیان کننده باید برای حفظ حیات خویش در بلوک مقابل برای خود جایی دست و پا کند که البته در آنجا هم محدودیت های عمومی بلوک را باید رعایت می کرد.

در آن وضعیت جهانی بود که کشور های کوچکی چون کوبا، می توانستند با کمک جهانی سوسیالیسم در مقابل تحریم های فلج کننده و همه جانبه امریکا و غرب برای چندین دهه متوالی مقاومت کرده و نه تنها از تعرضات اقتصادی و نظامی آن در امان باشند که حتی به مدلی از موفقیت برای دیگر کشورهای انقلابی مبدل گردند. تعرض در هر کشوری با مقاومت جبهه مقابل سازماندهی و حمایت می شد و در حقیقت جنگ در ویتنام، افغانستان، آنگولا و یا در هر گوشه ای دیگر از جهان به عرصه رویارویی دو قدرت جهانی مبدل می گشت.

در نتیجه ، هر جنبش اعتراضی در یک بلوک، خود به خود رنگ و بوی سیاسی بلوک مقابل را به خود می گرفت. مثلا هر اعتراض اجتماعی در یک کشور سوسیالیستی به عنوان گرایش به نظام سرمایه داری تعبیر می شد. افزون بر آن، حمایت جبهه سرمایه داری از آن حرکت اعتراضی، رنگ و بوی سیاسی و سرمایه داری بدان می داد. این امر حتی در کشورهای حاشیه ای این بلوک ها هم صادق بود. مثلا اگر در کشوری که در گذشته در مدار سرمایه داری بود جنبش ضداستبدادی شکل می گرفت، بخاطر حمایت شوروی و دیگر کشورهای

سوسیالیستی از آن جنبش، کم کم عناصر سوسیالیستی و رادیکالیسم سیاسی در آن برجستگی پیدا کرده و پس از مدتی کمونیست ها بخاطر حمایت شوروی، رهبری آن جنبش ها را در اختیار می گرفتند. و حتی اگر کمونیست ها در رهبری آن جنبش ها هم نبودند، حکومت های حاصل از پیروزی آن جنبش ها، در تصمیم های سیاسی و اقتصادی و اجتماعی خویش سمت گیری های شدید ضد سرمایه داری پیدا نموده و با ملی کردن بخش بزرگی از اقتصاد و ایجاد محدودیت های وسیع برای سرمایه داران در داخل کشور، کشور را به سمت گیری های غیرسرمایه داری کشانده و عملا در جرگه کشورهای سوسیالیستی قرار می دادند. و جالب تر این بود که برخی از همین کشورها و رهبران آنها، در اولین مرحله جدایی خویش از بلوک سیاسی گذشته، همه اقدامات قبلی خود را بکلی متوقف کرده و مسیر مخالف آن را در پیش می گرفتند.

این تغییرات متاثر از تغییر در پایه اجتماعی و طبقاتی رهبران این کشورها نبود. بلکه کاملا متاثر از مدلی بود که بلوک مربوطه به آنها دیکته کرده و آنها هم عملا آنرا به اجرا در می آوردند.

تغییرات در سومالی در دوران زیادباره، یا تغییرات در مصر در نیمه دوم دهه هفتاد در دوران سادات و در بسیاری از کشورهای دیگر افریقایی چون سودان، از این دست چرخش ها بود.

حمایت اتحاد جماهیر شوروی از کلیه نهضت های آزادی بخش و حکومت های ضد امپریالیستی پیامد این نهضت ها، فضایی را در جهان آن روز به وجود آورده بود که تقریبا غیرممکن می نمود که جنبشی برعلیه سرمایه داری شکل گرفته و امکان ادامه وجود داشته باشد، بدون اینکه از کمک ها و حمایت های شوروی برخوردار باشد.

تنها در دوره معینی جریان های مائوئیستی شکل گرفته بودند که ادعای استقلال از هر دو بلوک بندی جهانی را داشتند. البته این جریان ها از نظر کمیت و کیفیت و اندازه اثرگذاری خود در مقایسه با جریان اصلی مبارزاتی در دنیای آن روز، قابل مقایسه نبوده و شاید بتوان گفت که هرگز نقش تعیین کننده ای نداشتند.

فروپاشی شوروی و تاثیر آن بر جمهوری اسلامی ایران و جایگاه اسلام سیاسی

نکته اصلی اما در اینجا توجه به جنبش های اعتراضی در کشورهای اسلامی است. یعنی کشورهایی که در آنها حکومت های دست نشانده و مستبد طرفدار غرب برسرکار بودند، از مرتجعین عرب در عربستان سعودی و اردن و مصر و کویت در خاورمیانه تا شمال افریقا گرفته تا سوهارتو و مارکوس در اندونزی و فیلیپین در آسیای جنوب شرقی. در این کشورها، جنبش های اعتراضی مردم مسلمان در مقابل خود نه فقط دیکتاتور محلی، که کارشناسان امریکایی را هم در کنار این حکومت ها می دیدند. اما از آنجایی که هیچ مرکز معینی در حمایت از جنبش های اسلامی با ایدئولوژی اسلام سیاسی که با دیکتاتوری های طرفدار غرب و امریکا هم سر جنگ باشد وجود نداشت، عملا این جنبش ها نقش اعتراضی خود را در سیاست به اندازه حضور اجتماعی شان ایفا نمی کردند. در اکثر این کشورها اگر احزاب کمونیست وجود داشتند به خاطر حمایت شوروی از آنها احزاب کمونیست نقش اصلی را در جنبش های اعتراضی در اختیار می گرفتند. در فقدان احزاب نیرومند کمونیست، معمولا یک ائتلاف ضد دیکتاتوری-ضدامپریالیستی از ناسیونالیست ها و سایر نیروها ی رادیکال در این کشورها شکل می گرفت که مورد حمایت شوروی بود و پس از پیروزی هم از آنجا که دیکتاتورهای حاکم تا آخرین لحظه مورد حمایت امریکا بودند، مسیر کشور به طور کلی تغییر جهت می داد و از اردوگاه غرب به سمت شرق رانده می شد. معمولا در این میانه برای جریان های سیاسی و یا ایدئولوژیک بی سرپرست و یتیم – مانند جنبش هایی با گرایشات سیاسی اسلامی – جایی وجود نداشت.

با انقلاب اسلامی در ایران و شکل گیری حکومت دینی در این کشور و گرایش رهبران انقلابی و مسلمان ایرانی به صدور اسلام سیاسی و انقلاب اسلامی به دیگر کشورها – بویژه پس از فروپاشی اتحاد جماهیر

شوروی— جمهوری اسلامی ایران موقعیت استثنائی جدیدی را در تقابل با غرب و ایالات متحده پیدا کرد. این موقعیت جدید کمتر پروژه ای برنامه ریزی شده از جانب رهبران نظام اسلامی بود و بیشتر محصول خلاء حضور شوروی و شاید بیشتر از آن، بحران شدید جهانی برای چپ و کمونیسم بود. نگاهی به دگرگونی های خاورمیانه در این دوره بویژه در لبنان و در رابطه با مبارزه احزاب فلسطینی شاید بهترین گواه این مدعاست.

تا پیش از فروپاشی شوروی، تقریبا بیشتر جریانات فلسطینی عضو سازمان آزادی بخش فلسطین بوده و در مدار شوروی قرار داشتند. سازمان های اصلی مبارز فلسطینی عبارت بودند از سازمان الفتح (به رهبری یاسر عرفات)، جبهه خلق برای آزادی فلسطین (به رهبری جورج حبش)، جبهه دمکراتیک برای آزادی فلسطین (به رهبری نایف حواتمه)، جبهه خلق برای آزادی فلسطین — فرماندهی کل (به رهبری احمد جبرئیل)، و حزب کمونیست فلسطین (یا حزب مردم فلسطین) که به ترتیب بیشترین محبوبیت را در میان فلسطینی ها داشته و در انتخابات مجلس فلسطین بیشترین آرا را از آن خود می کردند. الفتح به رهبری عرفات در انتخابات سال ۱۹۹۶، چند سال پیش از فروپاشی شوری، با بدست آوردن ۵۵ کرسی از مجموع ۸۸ کرسی، اکثریت مطلق را بدست آورد و در همان انتخابات آقای عرفات به عنوان ریاست جمهوری ۸۸،۲٪ آرا را بدست آورد.

ده سال بعد، در انتخابات ۲۰۰۶، شاهد هستیم که حماس با اکثریت مطلق، ۷۴ کرسی از ۱۳۲ کرسی اکثریت مطلق آراء در این دوره را بدست می آورد و این در حالیست که الفتح فقط ۴۵ کرسی را برنده شده و سایر نیروهای فلسطینی رادیکال و چپ که در گذشته و در دوران حضور شوروی، عمده ترین احزاب و سازمان های فلسطینی بودند، در ائتلاف مشترک خود فقط قادرند که ۵ کرسی بدست آورده و در مجموع کمتر از ۷٪ آرا را بدست می آورند.

اینکه چرا چنین تغییری در ترکیب آرا بوجود می آید، خود موضوع یک پژوهش گسترده جداگانه است. اما به چند عامل می توان در اینجا اشاره کرد.

یک – فروپاشی شوروی:

حمایت شوروی از جریان های فلسطینی با تمایلات سوسیالیستی و ناسیونالیستی که به رشد آنها در مبارزه سیاسی در منطقه کمک می کرد، به پایان رسید. تا زمانی که شوروی وجود داشت، بیشتر کمک های این کشور به نیروهای فلسطینی از کانال سازمان آزادیبخش و احزاب چپ و رادیکال غیرمذهبی فلسطینی انجام می گرفت. این کمک ها چه در اشکال سیاسی آن به طور مستقیم و چه از طریق محافل بین المللی دیگر و چه به شکل کمک های تسلیحاتی و کمک های اقتصادی به تقویت موضع گروه های فلسطینی متمایل به شوروی با تمایلات سوسیالیستی منجر می شد. میزان این کمک ها و اعتبار شوروی آنقدر بود که جریان های اسلامی چون اخوان المسلمین اردن و سایر گروه های مشابه آن امکان رقابت نداشتند.

با فروپاشی شوروی، این منبع بزرگ کمک رسانی از دست رفت و در نتیجه، همه گروه هایی که از این راه تغذیه می شدند، دچار بحران گردیدند.

دو – تغییر سیاست سازمان آزادیبخش:

شاید دلیل عمده دیگر نیز در تغییر تناسب نیروها در فلسطین، تغییر سیاست سازمان آزادیبخش بود. سازمان آزادی بخش فلسطین با پذیرش قراداد مادرید در ۱۹۹۱، دو ماه پیش از فروپاشی سوسیالیسم در شوروی، اسرائیل را به رسمیت شناخت و خشونت و تروریسم را محکوم کرد و با تایید امریکا از لیست تروریسم خارج شد و از جانب اسرائیل به عنوان نماینده مردم فلسطین به رسمیت شناخته شد. اما از آنجا که وضعیت زندگی فلسطینی ها کمترین تغییری نکرده بود، و در مادرید و پس از آن در اسلو کمترین امتیازی به عرفات داده نشد، ترک سیاست رادیکال توسط این سازمان بحرانی را پدید آورد. این بحران و خلاء

رادیکالیسم مورد علاقه مردم کوچه و خیابان در اردوگاه های فلسطینی، موقعیت جدیدی را برای ظهور نوعی رادیکالیسم جدید بوجود آورده بود.

سه ـ انتفاضه اول:

در دوره انتفاضه نخست (۱۹۹۳-۱۹۸۷) دورانی که رهبری سازمان آزادی بخش پس از هجوم وحشیانه اسرائیلی ها به لبنان و کشتار آنها در ژوئن ۱۹۸۲ مجبور به ترک منطقه شده و در حالت تبعید اجباری در تونس بسر می بردند، فرصت طلایی برای جریان های غیروابسته به سازمان آزادیبخش در منطقه بوجود آمد که فعالانه دست به تجهیز و آرایش قوای خود در منطقه بزنند. این دوران، زمانی است که جمهوری اسلامی ایران توجه خود را روی این منطقه گذاشت. در ادامه ی این دوره و در انتفاضه دوم که از سپتامبر ۲۰۰۰ آغاز شد و بسیاری پایان آن را ۲۰۰۵ می دانند، سازماندهی اولیه نیروهایی که بیشتر کمک خود را از طریق جمهوری اسلامی و کشورهای متحد او دریافت می کردند، به نتیجه نشست.

این دوران، زمانی است که حزب الله در لبنان به نیروی اصلی و تعیین کننده تبدیل شد. رهبری مانند حسن نصرالله از محبوبیت بی مانندی برخوردار شده و نه تنها توسط نیروهای اسلام گرا که حتی توسط افرادی چون جورج حبش، رهبر چپ گرای جبهه خلق برای آزادی فلسطین نیز مورد ستایش قرار می گیرد. در غزه نیز حماس با اتکا به کمک های بی دریغ جمهوری اسلامی ایران و در میدان رقابت با سازمان آزادی بخش فلسطین، با رادیکالیسم مورد قبول مردم کوچه و خیابان به محبوب ترین سازمان فلسطینی تبدیل شد.

و همانطور که می بینیم، در کمتر از یک دهه پس از فروپاشی شوروی، خلاء حمایت از جنبش فلسطین و حرکت های اسلامی در منطقه توسط جمهوری اسلامی ایران پر شده و سازمان های هوادار ایران نقش اول را در منطقه در اختیار خود می گیرند.

موفقیت جمهوری اسلامی ایران در منطقه خاورمیانه در ایجاد و تقویت نیروهای اسلامی مبارز، نه تنها قدرت منطقه ای ایران را افزایش داد و

امکانات جدیدی را در رابطه با چانه زنی ها و مذاکرات امنیتی در منطقه به آنها داد و موقعیت برتری را در برابر رقیب اصلی منطقه ای جمهوری اسلامی، یعنی اسرائیل، برای آنها فراهم نمود که از جهت دیگری جمهوری اسلامی ایران را در مرکز توجه گروه های اسلام گرا قرار داد.

مدل اسلام گرایی به شیوه اخوان المسلمین که رهبری آن در گذشته در مصر بود، تقریبا محبوبیت خود را در خاورمیانه از دست داده بود. حالا جمعیت های بزرگی از مردم مسلمان و عرب در منطقه شیفته اسلام گرایی به شیوه حکومت جمهوری اسلامی ایران شده بودند. شخصیت های شیعه ای چون حسن نصرالله، روح الله خمینی، علی خامنه ای، و حتی رئیس جمهوری ایران محمود احمدی نژاد به شخصیت های محبوب منطقه ای در میان مسلمان های سنی تبدیل شدند.

این یک پیروزی بزرگ برای جمهوری اسلامی ایران در منطقه بود که همزمان دو دستاورد بزرگ برایش به ارمغان آورد.

نخست ـ پیروزی اسلامگرایی ایرانی:
اینکه اسلام سیاسی مورد نظر ایران، اسلام امریکا ستیز و اسرائیل ستیز بر وهابیسم، سلفی گری، و اخوان المسلمین که کمک میلیاردها دلاری شیخ های عربستان و یک سده سابقه را پشت سر خود داشت، پیشی گرفت و در سرزمین های سنی نشین، رهبران شیعه به شخصیت های محبوب تبدیل شده و عکس هایشان بر در و دیوار شهرها قرار گرفت. بطوریکه در شهر اسکندریه مصر، پس از تهاجم اسرائیل به جنوب لبنان در سال ۲۰۰۶ و مقاومت حزب الله، در یک روز اسم بیشتر از ۹۰ درصد از کودکان پسر تازه بدنیا آمده را یا حسن و یا نصرالله گذاشتند.

دوم ـ گسترش قدرت منطقه ای ایران:

برای ایرانی ها حالا مسلم شده بود که با گسترش قدرت منطقه ای خود و حضور نظامی جریانی چون حزب الله در این منطقه قدرت نظامی آنها در پشت مرزهای اسراییل گسترش پیدا کرد. ایران موفق شد که جبهه جنگ خود را با اسراییل در جنوب لبنان تعریف کند و در آنجا با قدرت جنگاوران شیعه لبنانی و در غزه با قدرت مبارزین حماس با اسراییل مقابله کنند و به جهان اسلام نیز قدرت نمایی کنند .

این پیروزی البته هشداری بود به رهبران کشورهای عربی و غرب و آنها را واداشت که برای خنثی نمودن نفوذ روزافزون ایران، پروژه های بعدی را کلید بزنند که به بلوک بندی های جدید سیاسی و حتی رقابت های اسلام گرایانه از نوع دیگری در آینده مبدل شد.

برآمدن ترکیه با گرایش های اسلامی

ترکیه یکی از متحدین اصلی امریکا در منطقه، از دوستان حکومت ایران در زمان شاه و از اعضای اصلی پیمان بغداد (CENTO) بود و از سال ۱۹۵۲ عضو پیمان ناتو است. ترکیه در حقیقت حلقه ی پیوند پیمان ناتو و سنتو در منطقه بود.

ترکیه کشوری است که گرچه از همان سال ۱۹۲۳ دوران آتاتورک به عنوان یک حکومت لائیک شناخته شده است، اما در درون خود شاید یکی از مذهبی ترین جوامع منطقه ماست. در ترکیه احزاب مذهبی همیشه مورد استقبال مردم قرار گرفته و هرگاه که امکان حضور پیدا کرده اند، با استقبال فراوان مردم روبرو شده اند.

انقلاب ایران بی شک در تهییج احساسات مذهبی در ترکیه بی اثر نبود. استقبال و خشنودی مردم مسلمان در ترکیه، تحرک جدیدی را در فعالیت های سیاسی دینی بوجود آورد.

در ترکیه احزاب اسلامی همیشه فعال بوده اند. ولی طی ۵۰ سال گذشته هر زمان که آنها در قدرت نقش جدی تر پیدا کرده و نمایندگان خود را به مجلس فرستاده اند، زیر عنوان سرپیچی از اصول لائیسیته در قانون

اساسی ترکیه، فعالیت آنها ممنوع اعلام شده و در بیشتر موارد پس از کودتاهای نظامی پی در پی که در این کشور روی می داد، از قدرت بیرون رانده شده اند و گاه رهبران آنها دستگیر شده و روانه زندان گردیده اند.

نجم الدین اربکان یکی از شخصیت های برجسته مسلمان در سیاست ترکیه بود که در دوران ریاست جمهوری سلیمان دمیرل در سال ۱۹۹۶ تا ۱۹۹۷ مقام نخست وزیری این کشور را عهده دار بود. او بنیانگذار یکی از اولین احزاب اسلامی در ترکیه به نام نظم ملی است (۱۹۷۰-۷۱) که پیرو دکترین خود اوست که در حقیقت اولین مانیفست ترک های اسلام گرای مهاجر در غرب است که به نگاه ملی (National View) معروف شد. این سازمان که بزرگترین گروه متشکل اسلام گرای ترکیه در خارج از کشور بود، بازگشت به اسلام را راه رهایی ترکیه دانسته و مبلغ غرب گریزی شد. آنها واژه "ملی" را به جای "اسلام" به کار می گرفتند چرا که بکارگیری واژه اسلام برای نام حزب به حساب رودررویی با قانون اساسی ترکیه قلمداد شده و به غیرقانونی بودن می انجامید.

بسیاری از احزاب اسلام گرای بعدی در ترکیه مثل حزب نجات ملی (۱۹۷۲-۸۱)، حزب رفاه (۱۹۸۳-۹۸)، حزب فضیلت (۱۹۹۷-۲۰۰۱) و حزب سعادت (کنون – ۲۰۰۱) در حقیقت در ادامه فکر نجم الدین اربکان و توسط پیروان او تشکیل شدند که هر کدام پس از چند سال فعالیت، توسط نظامیان و دادگاه قانون اساسی فعالیت شان تعطیل گردید.

حزب عدالت و توسعه که در سال ۲۰۰۱ از ترکیبی از اعضای حزب های بالا به وجود آمد، موفق شد که در انتخابات سال بعد در ۲۰۰۲ دو سوم تعداد نمایندگی های مجلس ترکیه را از آن خود نماید و با گرفتن مقام ریاست جمهوری و نخست وزیری کشور، قدرت اجرایی را در دست گیرد. پیروزی بزرگ حزب عدالت و توسعه که اکثر رهبران آن به اسلام گرایی شهرت داشته و از بنیانگذاران احزاب اسلام گرای پیشین بودند، در حقیقت بیانگر رشد اسلامگرایی و استقبال مردم این کشور از حضور اسلامگرایی در سیاست بود.

این پدیده، یعنی استقبال بی نظیر مردم در کشوری که از زمان پیدایش جمهوری در آن همواره به شیوه لائیک اداره شده و جلوی هرگونه فعالیت سیاسی ـ مذهبی در ۸۰ سال گذشته در آن سرزمین گرفته شده بود، نشان از رشد و محبوبیت اسلام سیاسی در همه منطقه بود.

این پدیده بزرگ سیاسی در ترکیه نه تنها برای مردم این کشور که برای همه منطقه و کشورهای غربی دارای اهمیت ویژه ای بود. ترکیه کشوری است که بزرگترین ارتش را در منطقه داشته و با داشتن بیش از یک میلیون سرباز، دومین قدرت نظامی ناتو است و ۴۰ بمب اتمی در اختیار نیروی هوایی آن کشور است و بزرگترین پروژه های نظامی در آن کشور به مبلغ ۱۶۰ میلیارد دلار از سال ۱۹۹۸ آغاز شده است. حالا در این کشور حکومتی را مردم انتخاب کرده اند که بطور آشکار گرایش های اسلام گرایانه خود را اعلام نموده و حال و هوای رهبری اسلامی منطقه را در سر می پروراند.

آنچه روشن است، اینست که تا پیش از قدرت گرفتن اسلام گراها در ترکیه، جمهوری اسلامی ایران بدون کمترین شک و شبهه ای رهبری جهانی مسلمانان را در اختیار داشت. نه رهبران فاسد و پرده داران کعبه توانسته بودند با هزینه کردن میلیاردها دلار سرمایه گذاری در مدرسه های دینی کشورهای اسلامی، بویژه پاکستان، برای جمهوری اسلامی رقیبی دینی بتراشند، و نه کسی خلافت طالبان در افغانستان را تهدیدی برای رهبری برجهان اسلام می دید، و نه الازهر در مصر تحت ریاست مبارک رقیبی بشمار می رفت.

به لحاظ نظامی و سیاسی هم جدی ترین رقیب ایران صدام بود که پس از سالها جنگ، دست از ادعای سردار قادسیه بودن خود برداشته و رام شده بود. در عین حال، جنگ شیعه و سنی نیز نتیجه ای نداده بود. اکثریت مردم در کشورهای عربی از مواضع ایران در مسائل منطقه حمایت می کردند و حتی گروه های مبارز و انقلابی سنی در منطقه حامی حکومت ایران بودند. بویژه با تضعیف صدام پس از جنگ خلیج، هیچ جایگزین دیگری برای رهبری کشورهای سنی وجود نداشت.

پیروزی اسلام گرایان در ترکیه گرچه برنامه ریزی شده نبود و مدیون فعالیت های احزاب اسلامی در تمام چند دهه گذشته بود، ولی از نظر زمانی، بهترین آلترناتیو ممکن در منطقه در مقابل حکومت اسلامی ایران بود. ترکیه و اسلامگرایان حاکم بر آن از طرفی وارث بزرگترین خلافت اسلامی نیز بودند، خلافتی که با بیش از ۶۰۰ سال حکمرانی بر بخش های بزرگی از سرزمین های اروپا، آسیا و افریقا تا حدودی به مظهر یگانگی و وحدت سیاسی — ایدئولوژیک مسلمانان عرب و غیرعرب تبدیل شده بود.

قدرت گیری اسلام گرایان سنی مذهب در ترکیه، حالا نه تنها از جانب امریکا و غرب مورد مخالفت قرار نمی گرفت، که حتی به عنوان یک مدل دمکراتیک از یک کشور اسلامی در مقابل جمهوری اسلامی ایران تبلیغ هم می شد.

کبوتر بخت بر شانه سیاست مداران ترکیه نشسته بود و اینبار اسلام برای آنها نه تنها تنبیهی به همراه نداشت که بهانه ای شده بود که از آنها مدلی جدید در مقابل حکومت اسلامی ایران به دنیا ارائه شود. مدلی که مدعی بود که ترکیبی از هر دو عنصر دمکراتیک و دینی در آن موجود بوده و در دنیای غرب هم مورد پذیرش است.

حزب عدالت و توسعه ترکیه به عنوان یک حزب محافظه کار و دست راستی با گرایشات جدی اسلام گرایی، نه تنها در جامعه ترکیه مورد استقبال مردم این کشور قرار گرفت که در میان احزاب اروپایی نیز پذیرفته شد. این حزب به عنوان اولین حزب سیاسی با گرایش اسلام گرایانه به عنوان عضو ناظر در EPP یا باشگاه احزاب اروپایی (European Peoples' Party) در سال ۲۰۰۵ پذیرفته شد. EPP بزرگترین تشکل سیاسی عضو پارلمان اروپاست.

قراردادهای چندین بیلیون دلاری در رابطه با احداث خط های لوله گاز باکو- تفلیس — ارزروم به طول ۶۹۲ کیلومتر و خط لوله Nabucco که از ترکیه تا اتریش به طول ۳۸۹۳ کیلومتر امتداد خواهد داشت و از مسیرکشورهای

رومانی، بلغارستان، و مجارستان عبور می کند،برای ترکیه نه تنها میلیارها دلارثروت به همراه داشت که ترکیه را در آینده به مرکز اصلی انتقال انرژی در منطقه تبدیل خواهد کرد. تخمین زده می شود که پروژه احداث لوله Nabucco که در آغاز ۷ میلیارد یورو ارزیابی شد، ۱۲ تا ۱۵ میلیارد یورو هزینه بر دارد.

ترکیه حق برداشت ۱۵٪ از گاز تحت عبور از این خط لوله را دارد و در ساختن آن نیز میلیاردها یورو نصیب شرکت های ترکیه خواهد شد.

ترکیه و رهبران اسلام گرای آن در حقیقت در طی سالهای گذشته نقش دوگانه ای را بر عهده گرفته و موفق شدند که موقعیت جدید خود را با حمایت همه جانبه امریکا و رهبران اروپایی ایفا کنند.

پروژه اول دردست گرفتن هژمونی اسلام سیاسی، و پروژه دوم تامین انرژی اروپا و کاهش وابستگی آن به روسیه از طریق احداث خطوط انتقال انرژی. در پروژه اول، ترکیه با نفوذ سنتی خود از دوران امپراتوری عثمانی بهترین انتخاب است و بهترین کشوری است که می تواند رهبری جهان اسلامی-عربی-سنی را در مقابل هژمونی طلبی ایرانی ها بر عهده گرفته و پروژه های اسلام گرایی ضدامریکایی-ضداسرائیلی را خنثی نماید. ترکیه در تمام طول ده سال گذشته بهترین مناسبات سیاسی را با دو قدرت دیگر منطقه ای، عربستان سعودی و مصر، داشته و پس از روی کار آمدن اخوان المسلمین در مصر، این مناسبات به سطح جدیدی افزایش یافته است. در سفر آقای اردوغان به همراه یک هیات بلندمرتبه ترکی در سپتامبر سال ۲۰۱۱ پس از انقلاب مصر، از او به عنوان یک رهبر جدید دنیای اسلام استقبال شد و اخیرا هم از طرف آقای خالد مشعل، رهبر حماس، به عنوان یکی از رهبران جهان اسلام مورد ستایش قرار گرفت. ترکیه با چند اقدام نمایشی در تقابل با اسرائیل، از جمله اعتراض کلامی آقای اردوغان در کنفرانس داووس در سال ۲۰۰۹ به شیمون پرز و ترک سالن هنگام سخنرانی پرز[۱]، و یا ارسال

---

[۱]Leaders of Turkey and Israel Clash at Davos Panel

http://www.nytimes.com/2009/01/30/world/europe/30clash.html?_r=0

کشتی حامل کمک های انسان دوستانه به غزه در سال ۲۰۱۱ که مورد حمله کماندوهای اسرائیلی قرار گرفت و تعدادی از سرنشین های آن کشته و مجروح شدند، موفق شده برای خود در میان مسلمانان جهان یک ژست ضداسرائیلی درست نماید. و این در حالیست که این کشور به عنوان یک عضو ناتو، متحد اصلی امریکا در منطقه بوده و همیشه مناسبات دوستانه ای با اسرائیل داشته است. آقای اردوغان خود در راس هیاتی در سال ۲۰۰۵ در یک سفر رسمی به اسرائیل رفت و مورد استقبال مقامات این کشور قرار گرفت. شیمون پرز، رئیس جمهور اسرائیل نیز در سال ۲۰۰۷ در سفر رسمی خویش به ترکیه مورد استقبال مقامات ترکیه قرار گرفت و برای نخستین بار در پارلمان یک کشور دارای اکثریت مسلمان، اجازه حضور و سخنرانی یافت. و همانجا بود که گفت "من به اینجا آمده ام که قدردانی خودم را از ترکیه بیان کنم." [۲]

گرچه پس از دعوای لفظی طی یکی دوساله گذشته سطح مناسبات دو کشور تا حدودی کاهش یافته و برخی از قراردادهای نظامی موقتا به حالت تعلیق در آمده است، اما مناسبات سیاسی بین دو کشور همچنان بطور رسمی ادامه دارد.

ترکیه پس از شروع بهار عربی نقش فعال تری را در رابطه با جریانات اسلامی به عهده گرفت و از حامیان اصلی جریان اخوان المسلمین شد. در وقایع لیبی، یکی از طرف های اصلی درگیر بوده ودر حال حاضرنقش اصلی را در درگیری های سوریه از طریق کنترل خود بر جریان های اسلامی اخوان المسلمین و سلفی ها به عهده دارد. رهبری سوریه طی یکی دو سال گذشته مورد نقد شدید اسلامگرایان حاکم بر ترکیه بوده و بویژه در رابطه با مسائل میان اعراب و اسرائیل هم از جانب ترکیه و هم از جانب اسرائیل

---

[۲] Israeli president addresses Turkish Parliament

http://www.nytimes.com/2007/11/13/world/africa/13iht-peres.3.8315894.html?_r=0

مورد شماتت قرار گرفته است. در همین حال، ترکیه اجرای پروژه احداث خط لوله انتقال گاز میان ایران-عراق-سوریه را تهدیدی برای انحصار خود در انتقال انرژی به اروپا دید. شاید اصلا یکی از دلایل تنش اخیر در مناسبات ترکیه با سوریه همین باشد که بشار اسد در سال ۲۰۱۱ سیاست چهار دریایی (Four Seas Policy) و حمایت کشورش از این پروژه خط لوله انتقال گاز را اعلام نمود که می توانست به معنای دور زدن ترکیه در بوجود آوردن یک شاهراه انتقال انرژی از آسیا به اروپا باشد. درست دو ماه پس از اعلان این سیاست توسط اسد، در گیری های درون این کشور آغاز شد.[۳]

بهرحال، ترکیه بجز نفع اقتصادی احداث خط لوله و انحصار شاهراه های صدور انرژی، بدنبال استقرار رژیمی در سوریه است که در سیاست های منطقه ای نیز در مدار ترکیه-عربستان-مصر قرار گرفته و در انزوا قراردادن جمهوری اسلامی ایران در منطقه در کنار آنها باشد.

اگر ترکیه موفق به تغییر حکومت در سوریه گردد و مانع از احداث خط های لوله گاز ایران – عراق – سوریه شود، عملا انحصار را در این زمینه از آن خود کرده و در عین حال به تضمین موقعیت یگانه خویش در پروژه استراتژیک انتقال انرژی میان روسیه و اروپا نیز دست یافته است.

این موقعیت یگانه برای ترکیه، وضعیتی را بوجود می آورد که نه تنها ترکیه به عنوان یکی از متحدین اصلی امریکا و اروپا سالانه میلیاردها دلار سود برده و جایگاه برتری را در آینده در اروپا از آن خود خواهد کرد، که به عنوان میانجی و واسطه انتقال نیز می تواند از همه امتیازات دلالی در شرایط بحرانی در روابط اروپا و روسیه، دو طرف را سرکیسه نماید.

جالب است که پس از گذشت ۴۰۰ سال از رودررویی حکومت شیعه صفوی در ایران با خلافت عثمانی سنی مذهب ترک ها، بار دیگر دو اسلام شیعه و سنی را در این منطقه در مقابل هم می بینیم. این بار، ترک های سنی در

---

[۳] Syria's Pipelineistan war

http://www.aljazeera.com/indepth/opinion/2012/08/201285133440424621.html

قالب یک نظام لائیک و ایرانیان شیعه در قالب یک نظام جمهوری اسلامی در برابر هم قرار گرفته اند.

چشم انداز مذاکرات ایران و امریکا و پی آمدهای آن (گفتاراول)

با انتخاب مجدد آقای اوباما در مقام ریاست جمهوری امریکا و آشکار شدن برخی از ملاقات های غیررسمی بین نمایندگان ایران و امریکا که در چند هفته گذشته در مطبوعات مورد توجه قرار گرفته است، بار دیگر موضوع مذاکره مستقیم میان رهبری ایران و ایالات متحده به یکی از موضوعات جنجالی در رسانه ها مبدل شده است.

در رابطه با موضوع مذاکرات تا به حال مطالب زیادی گفته شده، گرچه مقامات هر دو کشور اصل قضیه را منکر شده اند. اما عده ای از سیاسیون ایرانی از زاویه های گوناگون به موضوع نگریسته و برخی معتقدند که مذاکره امکان پذیر نیست. طرف مذاکره کننده بخصوص طرف ایرانی قابل اعتماد نبوده و اساسا اهل مذاکره نیستند. بعضی با اصل مذاکره مشکل دارند و عده ای نیز از این خبر هیجان زده شده و با استقبال از اصل مذاکره تصور می کنند که همه مشکلات مابین دو کشور قابل حل بوده و حتی چشم انداز حل مسائل داخلی نیز در پرتو این مذاکرات قابل رویت است.

مقامات بین المللی نیز بعضی با استقبال از اصل مذاکره دو طرف را به مذاکره مستقیم و رودررو در سطح رهبری هر دو کشور تشویق نموده و برخی هم مخالف و نگران پیشرفت امر مذاکرات اند.

هدف این مطلب بررسی چند موضوع است که در ارتباط مستقیم با بحث مذاکرات میان دو کشور بوده و پیامدهای آن را مورد توجه قرار می دهد.

۱- آیا امکان مذاکره میان دو کشور اساسا وجود دارد؟
۲- آیا رهبری کنونی ایران می تواند طرف قابل اعتمادی برای مذاکره با غرب و بویژه مذاکره مستقیم با امریکا باشد؟
۳- آیا رهبران ایران می توانند به امریکا اعتماد کنند؟
٤- پیامدهای مذاکره با امریکا، در محافل تاثیرگذار در داخل کشور چه خواهد بود؟ حامیان و مخالفان آن چه کسانی هستند و چرا؟
٥- پیامدهای مذاکره در اپوزیسیون در داخل و خارج از کشور چه بوده و حامیان و مخالفان آن چه جریاناتی هستند، و چرا؟

٦- چه کشورهایی و یا چه جریاناتی در منطقه مخالف و یا موافق مذاکره امریکا با ایران بوده و چه سود و زیانی حاصل آنها خواهد شد؟

٧- سرنوشت منطقه و چشم انداز منطقه خاورمیانه عاری از تنش و بحران دائمی میان امریکا، غرب، و اسرائیل با جمهوری اسلامی ایران چگونه خواهد بود؟

٨- آیا لزوما عادی سازی مناسبات میان جمهوری اسلامی ایران با ایالات متحده امریکا به معنای عادی سازی مناسبات ایران با اسرائیل خواهد بود؟

٩- پیامدهای درازمدت و کوتاه مدت مذاکرات و احتمال رفع تنش و عادی سازی در مناسبات دو کشور در زندگی مردم چه بوده و تاثیرات سیاسی و اجتماعی کوتاه مدت و درازمدت آن چه خواهد بود؟

١٠-بهترین آینده قابل تصور در سیاست خارجی جمهوری اسلامی ایران با همین رهبری کنونی چیست؟

آیا امکان مذاکره میان دو کشور اساسا وجود دارد؟

این سوال اگر چه در ابتدا به نظر بسیار ساده انگارانه می آید، بدین معنا که مگر ممکن است که امکان مذاکره اساسا وجود نداشته باشد، ولی بسیاری در طول سی سال گذشته از همه طرف، چه از درون حکومت ایران و چه در طیف مخالفین آن و چه در غرب مدعی شده اند که اساسا امکان مذاکره نیست و چشم انداز همکاری و رفع تنش در میان دو کشور موکول به دوران پس از حکومت اسلامی است. و بعضی ها هم در ایران مذاکره و رابطه با امریکا را موکول به تغییرات اساسی در درون نظام امریکا کرده اند. در هردوسوی این گفتمان، دو جریان قوی در هر دو حکومت وجود دارد که موکول کردن رابطه امریکا با ایران را به بانودی و یا تغییر اساسی در یکی از دو کشور می کند ، اما فقط دولتمردان دو کشور نیستند که چنین ادعایی را مطرح کرده اند. در حوزه مخالفین نظام اسلامی هم گروهی مدعی هستند که اساسا تا جمهوری اسلامی ایران و رهبری نظام حکومت دینی در ایران برجاست، بحث مذاکره اساسا بیهوده بوده و اگر گاه گداری این بحث در مطبوعات و یا محافل سیاسی مطرح می شود، ره بجایی نخواهد برد.

در جمهوری اسلامی ایران از همان سالهای اولیه و بویژه پس از اشغال سفارت امریکا و قطع روابط دیپلماتیک میان دو کشور، فضای سیاسی و گفتمان حاکم ظاهرا متاثر از عدم تمایل ایران به مذاکره و برقراری مناسبات دیپلماتیک بوده است. رهبری نظام اسلامی در آن سالها، با زدن برچسب "شیطان بزرگ" به امریکا و تشبیه کردن رابطه دو کشور به رابطه گرگ و بره و شعارهای روزانه مرگ برامریکا و سوزاندن پرچم آن کشور چنین وانمود می کرد که تحت هیچ شرایطی حاضر به برقراری رابطه با امریکا نبوده و اساسا اگر روابطی هم برقرار گردد، ایران از آن سودی نخواهد برد.

آیت الله خمینی بارها و بارها با استفاده از لقب "شیطان بزرگ" برای امریکا و اینکه "رابطه با امریکا را می خواهیم چه کنیم" در مقام رهبری نظام چنین نشان می داد که از برقراری رابطه با امریکا حداقل در کوتاه مدت استقبال نخواهد کرد و مخالف آن است. در چنین فضایی که اکثر گروه های سیاسی ایرانی هم به دلیل تمایلات ضدامپریالیستی و ضدامریکایی خود از قطع مناسبات میان دو کشور خشنود بودند، باور عمومی بر آن بود که حاکمیت سیاسی ایران کمترین تمایلی به برقراری مجدد روابط سیاسی ندارد. اما پشت پرده همه این شعارهای تند و آتشین ضد امپریالیستی و ضدامریکایی، رهبران حکومت در صدد برقراری مناسبات بودند. این مناسبات چه در دوران گروگان گیری و چه در دوران جنگ از طریق کانالهای مختلف ادامه داشت که اوج آن در قضیه دیدار مک فارلین و فروش سلاح به ایران در دوران جنگ با عراق بود. یعنی درست زمانی که صدای فریادهای ضدامریکایی رهبران ایران گوش فلک را کر کرده بود و همه گروه های سیاسی ایران بر این باور بودند که رهبران ایران در یک تقابل سیاسی تمام عیار با امریکا هستند و کمترین مذاکره ای بین این دو کشور ممکن نیست، آقای مک فارلین با یک هواپیمای پر از اسلحه در فرودگاه مهرآباد تهران وارد شده و به رسم تعارف دیپلماتیک یک اسلحه کلت هم برای رهبران ایران هدیه آورده بود.

پس برخلاف ادعای رهبران ایران که ما رابطه با امریکا را می خواهیم چه کنیم و یا با شیطان بزرگ رابطه برقرار نخواهیم کرد و شعارهایی از این دست، می بینیم که پراگماتیسم سیاسی که همه رهبران سیاسی کمابیش در عمل آن را بکار می گیرند باعث شد که رهبری ایران دست دوستی به سوی امریکا دراز کرده و طرف امریکایی هم همان دست های خونین رهبران ایران را که یکی دوسال پیشتر ده ها ژنرال و فرمانده نظامی ایرانی را به اتهام همکاری با رژیم شاه و سرسپردگی امریکا اعدام کرده بودند را فشرده و حاضر به ارسال اسلحه به این کشور شده بودند.

پس چنانکه می بینیم، نه تنها امکان مذاکره همیشه وجود داشته که همچنان هم وجود دارد و اگر صحبت از مذاکرات پنهان و پشت درهای بسته می شود، به احتمال زیاد دور از واقعیت نبوده و نیست. بعضی از دوستان ایرانی که مذاکره را ممکن نمی دانند، در حقیقت ادعای رهبران ایران را بیشتر از خود آنها باور کرده اند، چنانکه گروه های سیاسی ایرانی در سالهای اولیه نیز بر این باور بودند ولی خلاف آن ثابت شد.

آیا رهبری کنونی ایران می تواند طرف قابل اعتمادی برای مذاکره با غرب و بویژه مذاکره مستقیم با امریکا باشد؟

ظاهرا چنین به نظر می رسد که نه تنها امریکا که کشورهای ۵+۱ نیز در این باره شک و تردیدی ندارند و طی همه سالهای گذشته با نمایندگان رهبری ایران در موارد گوناگون مذاکره کرده اند و باز هم اگر قرار باشد مذاکره ای صورت گیرد، سر میز مذاکره نمایندگان رهبری نظام جمهوری اسلامی ایران خواهند نشست.

به نظر می رسد که بحث اعتماد و عدم اعتماد به رهبران ایران بیشتر بحث اپوزیسیون ایران است. اپوزیسیون ایرانی بویژه بخش خارج نشین آن بدون توجه به پروتکل های بین المللی و هنجارهای شناخته شده جهانی، با طرح بحث هایی از جمله اینکه طرف ایرانی قابل اعتماد نیست و نمی توان و نباید با این یا آن فرد وارد مذاکره شد، در حقیقت بیشتر نشان می دهد که از دنیای سیاست بی خبر است و در یک فضای ذهنی و ایده آلیستی زندگی می کند. اگر طالبان که بیشتر از ده سال است با نیروهای ناتو در جنگ هستند از طرف امریکا قابل اعتمادند و با گشایش رسمی دفتری در قطر، مذاکره رسمی با آنها برای برقراری صلح در افغانستان و انتقال قدرت آغاز شده و و در جریان است، و نیز اگر مذاکره با اسمعیل هنیه و خالدمشعل، رهبران حماس، از طریق ترکیه و قطر و مصر در جریان است، و اگر مذاکره و تجدید مناسبت دوستانه با نظامیان برمه که طی ۲۰ سال گذشته دستشان به خون هزاران نفر از مردم برمه آلوده شده است هم اکنون در صدر برنامه های دیدار آقای اوباما و خانوم کلینتون در چند روز آینده قرار گرفته است پس می توان تصور کرد که حکومت ایران هم می تواند طرف مذاکره رسمی و جدی قرار گیرد. بحث اعتماد به رهبری ایران که از جانب اپوزیسیون ایرانی مطرح می شود، یک ساده انگاری ذهن گرایانه خاص ما ایرانی هاست و در دنیای واقعی سیاست کمترین جایی ندارد.

طرف مذاکره را هم برخلاف آنکه برخی از جریانات اپوزیسیون تصور می کنند، متاسفانه اپوزیسیون انتخاب نمی کند و رهبری جمهوری اسلامی ایران است که هیات های خود را به مذاکرات می فرستد و حتی اروپا و ایالات متحده هم نمی توانند در تعیین هیات های نمایندگی طرف مقابل شرط و شروط قائل شوند.

برخلاف نظر برخی از دوستان ایرانی که مدعی هستند که "مذاکره کار هرکس نیست"* و "زبان مذاکره آموختنی است" *و یا اینکه "مدیرانی که ایران را اداره می کنند، هنوز نتوانسته اند با الفبای این زبان آشنا شوند"*، معمولا در بیشتر موارد مذاکره را اتفاقا همیشه همان کسانی پیش برده اند که طرف دعوا هستند و در ظاهر بیشترین پرخاش ها را می کنند واتفاقا همان ها هستند که در پای میز مذاکره نیز به هر شکلی از تهدید و تطمیع و یا کرنش و سرکشی کار خود را پیش می برند. مذاکره، اگر اراده ای برای آن در هر دو طرف باشد، کار هر کسی است که هیات کشور خود را نمایندگی می کند. البته این امری بدیهی است که برخی از دیپلمات ها از توانایی ها و استعدادهای بهتری در مذاکره، چانه زنی و امتیازگیری در میزهای مذاکراتی برخوردارند. نمونه برجسته آن دیپلمات برجسته و فقید آمریکایی آقای ریچارد هل بروک بود که ریاست تیم مذاکراتی امریکا را در بدترین مناطق از جمله کسوو، پاکستان و عراق به عهده داشت و از عهده آنها بخوبی برآمد. او مشهور بود که گاه سر میز مذاکره فریاد می کشید، تهدید می کرد و یا اجازه خروج افراد را از اتاق مذاکره نمی داد.

توانایی اشخاص اما همه قضیه نیست. بعید نیست فردا سر میزمذاکره پنهان یا آشکار چهره هایی از نظام اسلامی شرکت نمایند که به قول بانوی گرامی خانم مهرانگیز کار "روزی صدها ایرانی را سنگسار و اعدام" * کرده اند و بسیار "کم جنبه و بی طاقت"* هستند و "خشونت کلام در سیاست ورزی" *عادت روزانه آنها شده است. ولی متاسفانه همان ها مذاکره را پیش خواهند

۴

*مقاله خانم مهرانگیز کار تحت عنوان "زبان مذاکره " که در نشریه الکتونیکی روز آنلاین به چاپ رسید

http://www.roozonline.com/persian/opinion/opinion-article/archive/2012/november/10/article/-b6ee73698f.html

برد و ما نباید نگران اینکه چه کسی سرمیز مذاکره نشسته است باشیم. نگرانی ما، پیشرفت مذاکره و جهت آن است، و نه اینکه چه کسی به نمایندگی از این یا آن کشور بر سر میز مذاکره نشسته است.

میز مذاکره محل رفاقت ها و دوستی ها نیست. اعتماد و نیت خیر و سلامت شخصیتی افراد نیز شرط مذاکره نیست. قراردادهای صلح را در بسیاری از موارد در تاریخ همان کسانی امضا کرده اند که تا مجبور به صلح نشده بودند در میدان های جنگ به بدترین اشکال خشونت و جنایت دست می زدند ولی به اجبارهای معینی، از همان میدان های جنگ و قتل و کشتار به پای میز مذاکره رفته و قراردادهای آتش بس و صلح را امضا کرده اند که گاه به بهترین مناسبات دوستانه بعدی منجر شده است. بهترین شاهد آن جنگ های میان کشورهای اروپایی در یک سده گذشته است.

آیا رهبران ایران می توانند به امریکا اعتماد کنند؟

رهبری ایران بارها طی چند سال گذشته نارضایتی و عدم اعتماد خود را از مذاکره با رهبری ایالات متحده اعلام داشته است. پس از انتخاب آقای اوباما و پیام های نوروزی ایشان به رهبران ایران، نیز ما شاهد بودیم که آیت الله خامنه ای در صحبت خود با بیان این که "آنها می گویند بسوی ایران دست دراز کرده ایم و ما می گوئیم اگر امریکا در زیر دستکش مخملی، دستی چدنی را پنهان کرده باشد این اقدام هیچ معنا و ارزشی ندارد" ** و درجای دیگر باز ایشان چنین گفت که "در همین پیام نوروز نیز ملت ایران طرفدار تروریست و دنبال سلاح هسته ای خوانده شده است. آیا این تبریک است یا دنبال همان اتهامات؟"** و سپس می گوید "نمی دانیم چه کسی واقعا در امریکا تصمیم گیرنده است، رئیس جمهور یا کنگره و یا عناصر پشت پرده، اما در هرحال تاکید می کنیم که ملت ایران در باره مسائل مربوط به خود اهل محاسبه و منطق است و احساساتی نمی شود." **

اگر رهبر نظام اسلامی را تصمیم گیرنده اصلی در برقراری مناسبات و آغاز مذاکره میان دو کشور بدانیم، با توجه به آنچه ایشان طی تمام سالهای گذشته

**سخنرانی آیت الله خامنه ای در اولین روز سال در مشهد [۵]
http://noorportal.net/PrintArticle.aspx?id=26747

بیان کرده است و بویژه دوره اول ریاست جمهوری آقای اوباما، در عین حال که نشان دهنده عدم اعتماد به ایشان است اما بیانگر رضایت به نوعی مصالحه و مذاکره را نیز در آن به روشنی می توان دید.

آنچه بویژه این روزها شاهد آن هستیم و در بیان آقایان لاریجانی و برخی دیگر از محافل نزدیک به رهبری آشکار می گردد، همه و همه نشان دهنده یک واقعیت است که علیرغم بی اعتمادی رهبری نظام اسلامی ایران، اما تمایل نسبی به آغاز فصل جدیدی از مذاکرات باز شده است.

برخلاف نظر بعضی از دوستان، لزوما مذاکره با امریکا نباید منوط به برگزاری یک انتخابات سالم و عادلانه باشد و یا در انتظار زمانی نشست که وسیع ترین اقشار اجتماعی در انتخابات شرکت کنند و دولتی فراگیر و ملی شکل گیرد. به نظر می رسد که گذاشتن چنین شرط و شروطی و معوق کردن مذاکرات میان دو کشور به ایجاد یک دولت فراگیر و ملی، تعویق به محال است و در بهترین حالت آن اگر خیالپردازی نباشد، بی توجهی به واقعیت های مسلم سیاست است. مذاکرات با همین دولت و همین ترکیب هم شدنی است و هیچ مانعی هم برسر راه آن وجود ندارد و اگر رهبری ایران مذاکره را به هر دلیلی بپذیرد ، راه مذکره باز است و مذاکرات به طور رسمی می تواند آغاز گردد.

مهم ترین عامل موثر در شروع مذاکرات و به پای میز کشاندن هر دو طرف، فهم این واقعیت است که ادامه وضع موجود دیگر ممکن نیست و اگر مذاکره ای شروع نشود، احتمال آغاز جنگ و درگیری نظامی در منطقه در آینده ای نزدیک تنها انتخاب بعدی است. شاید همین نکته اصلی است که هر دو طرف را وادار کرده است که این روزها به مذاکره روی خوش نشان دهند.

اما این به این معنا نیست که حداقل در داخل هر دو کشور همه جناح های قدرت موافق پیشبرد امر مذاکره و گفتگو برای حل اختلافات هستند.

پیامدهای مذاکره با امریکا، در محافل تاثیرگذار در داخل کشور چه خواهد بود؟ حامیان و مخالفان آن چه کسانی هستند و چرا؟

تقابل با ایالات متحده در تمام سی سال گذشته برای بخشی از حاکمیت در نظامی اسلامی سرما یه ای است برای ادامه سلطه خود و داشتن دست بالا در زمینه های مختلف، از عرصه سیاسی گرفته تا عرصه اقتصاد و یا تکنولوژی و مشاغل واسطه ای و دلالی.

بطور طبیعی در دوران تشنج در مناسبات سیاسی با یک قدرت بزرگ نظامی-اقتصادی چون ایالات متحده، در هر کشوری که باشید، تمایل به نظامی گری خود به خود در نظام بالا گرفته و نقش رهبران و محافل نظامی و امنیتی در قدرت روز به روز بیشتر می شود و عملا پس از مدتی رهبری سیاسی کشور نیز به سمت و سوی آنها کشیده شده و در مدار همکاری هرچه نزدیک تر با آنها قرار می گیرد. در یک چنین شرایطی بیشتر شاهدیم که در بسیاری از کشورها حتی نظامیان دست به کودتا زده و عملا همه نهادهای دیگر حکومتی را تعطیل کرده و خود سکاندار اداره امور کشور می شوند.

تنش در مناسبات ایران و امریکا در سی سال گذشته پیامدهای بسیاری را برای کشور و مردم ما داشته است. تشدید فعالیت های جاسوسی، خرابکارانه و تحریکات امنیتی در تضعیف کردن هرچه بیشتر قدرت حکومتی در ایران توسط امریکا، عملا به امنیتی شدن بیشتر فضای زندگی سیاسی در کشور ما کمک کرده است. بسیار طبیعی است که وقتی رهبری ایالات متحده درهمان سالهای ابتدایی پس از انقلاب به دنبال اجیرکردن جاسوس و ایجاد شبکه های خرابکاری در ایران بوده و طی دستورالعمل هایی به امضای ریاست جمهوری امریکا در دوران ریگان به ایجاد پایگاه های ویژه ای در منطقه برای خرابکاری به کمک کشورهای غربی و ایجاد واحد ویژه فعالیت های جاسوسی در فرانکفورت آلمان تحت عنوان (TEHFRAN) اقدام می کند. مقامات امنیتی ایران برای مقابله با چنین اقداماتی با سوءظن هرچه بیشتر هر گونه تماس و رابطه ای را با دستگاه های غربی و بویژه ایالات متحده زیر نظر داشته باشند و عملا فضای کشور را روز به روز و بویژه در دوران جنگ امنیتی تر از آنچه لازم است نمایند. شدت گرفتن هرچه بیشتر این فضای خصومت و بخصوص تهدید به حمله نظامی که در دوران بوش به اوج خود رسیده بود، عملا بهترین محیط مناسب را برای نظامی-امنیتی ها و کسانی که از امنیتی شدن هرچه بیشتر کشور بهره مند می شدند، فراهم آورد.

نظامیان و دلالان و کارگزاران آنها در چنین فضایی نه تنها پاسخگو به هیچ نهاد دیگر قدرت نیستند که تحت عنوان اجرای پروژه های سری و فوق سری، میلیاردها دلار از سرمایه کشور را در اختیار گرفته و با تکیه برآن

قدرت عظیم مالی، شبکه های حامی خویش را در حکومت و جامعه بوجود می آورند. این شبکه ها از شبکه های نظامی و امنیتی چون واحدهای عملیاتی و نظامی گرفته تا کارخانه های تولید وسایل جنگی و یا دلالان و واسطه هایی که با دیگر کشور ها برای تامین وسایل تکنولوژیک و یا اطلاعات و حتی اجیرکردن جاسوس فعال هستند را شامل می شود. پروژه های نظامی که در این شرایط از اولویت برخوردار هستند منبع بزرگ درآمدی است که به ایجاد گروه های بزرگ حامی برای رهبران نظامی و امنیتی کمک کرده و قدرت نفوذ آنها را از پادگانها و مراکز نظامی به دیگر عرصه های جامعه گسترش می دهد.

آنچه در چندساله گذشته شاهد آن بوده ایم، دقیقا پیامدهای همین فضای تنش دائمی در مناسبات ایران و امریکا و حامیان منطقه آنها و بویژه تهدیدات جریان های معینی در اسرائیل است.

افزایش تهدیدها، روز به روز به تقویت هرچه بیشتر قدرت نظامیان منجر شده و امروز شاهد آن هستیم که رهبران سپاه هرروزه در مقابل دستگاه های خبری کشور و در صفحه اول روزنامه های کشور پیدا شده و در حقیقت در صف جلوی حکومت قرار گرفته اند، پدیده ای که کاملا غیرعادی بوده و در شرایط عادی و در دیگر کشورها، حضور نظامیان در مقام توضیح سیاست های کشور و یا حضور هرروزه آنها در رسانه ها تقریبا به چشم نمی خورد. شاید یکی از دلایل اصلی حذف کامل جریان اصلاح طلب که کودتای انتخاباتی سال ۸۸ نقطه پایان آن بود، همین وحشت امنیتی حاصل از تنش و تهدیدات خارجی بوده و شاهد هستیم که رهبری نظام نیز در این مرحله دیگر کاملا در حلقه نظامی ها درآمده و عملا خود به یکی از عوامل اصلی در طرح و اجرای نقشه های آنها مبدل می شود.

هدف در این بخش، تحلیل جامع از چگونگی چرخش سیاسی و ناکارآمدی جریان اصلاحات و یا دیگر عوامل موثردر شکل گیری قدرت نظامیان و یا نقش بیت رهبری نیست. تنها نکته ای که اینجا مورد نظر است، چگونگی قدرت گیری محافل نظامی و امنیتی و فرصتی است که تنش های موجود در سالهای گذشته به آنها داده است.

در این بحث می خواهم به یک مطلب اشاره کنم و آن اینست که بخش قابل توجهی از نظامیان که حیات سیاسی آنها (ونه حیات نظامی) به بالا گرفتن هرچه بیشتر تنش ها پیوند خورده است، احتمالا از مذاکره حمایت نکرده و

یکی از عوامل اصلی بازدارنده در داخل کشور برای پیشبرد امر مذاکرات و عادی سازی رابطه با امریکا و حامیان منطقه ای او و اسرائیل هستند.

بخش دیگری از مخالفان برقراری مناسبات با غرب که البته شاید نقش برجسته ای در تصمیم گیری های سیاسی نداشته باشند ولی موثر هستند، شاید جریانی باشد که در طی دوران تنش با غرب، روابطی را با رقیب های امریکا برقرار کرده اند. این بخش در مناسبات و روابط تجاری، اقتصادی و حتی بانکی و تکنولوژیک جای پای محکم و انحصاری ویژه برای خود فراهم کرده است. آنهایی که در روابط با روسیه، چین، و کره شمالی در این سالها میلیاردها دلار به جیب زده اند و در حقیقت نقش لنگر آنها را در ایران بازی می کنند، حاضر نیستند کمترین جای پایی برای غربی ها در ایران باز کنند. ویژگی رابطه اقتصادی با روسیه و چین و کره و یا سرمایه گذاری در کشورهایی چون ونزوئلا و مانند آن در این است که دلالان و واسطه ها، با دریافت کمیسیون های چند ده میلیون دلاری و سندسازی های قلابی هرچه را مایل باشند با طرف معامله به توافق می رسانند. اما در معامله با شرکت های غربی و دولت های غربی، محدودیت های معینی وجود دارد که برای واسطه ها و دلال ها بیشتر دست و پا گیر بوده و عملا تمایل آنها به معامله با کشورهای توتالیتر برای روابط اقتصادی و مبادلات بازرگانی بیشتر است.

حجم رشوه ها و کمیسیون ها در سالهای گذشته در رابطه با معاملات با کشورهایی چون روسیه و چین برای طرف های معامله ثروت های افسانه ای را ببار آورده است که امروز شاهد آن هستیم که درست در شرایطی که تحریم های اقتصادی برعلیه ایران در جریان است، کمپانی ماشین سازی پورشه بیشترین سفارش های خود را از ایران دریافت می کند. شاید بتوان گفت
که همین محافل نه فقط به دلیل معاملات و مبادلات اقتصادی و موقعیت ویژه ای که در مناسبات با این کشورها بدست آورده اند بلکه به دلیل دیگری نیز تمایل چندانی به ایجاد رابطه با آمریکا ندارند و آن توجه ایالات متحده و غرب به مسائل حقوق بشر و آزادی های سیاسی در جوامع است. گرچه این مساله در مناسبات غرب نقش اصلی و تعیین کننده را نداشته و ندارد، اما پرواضح است که در مقایسه با روسیه و چین که اساسا هیچ توجهی به مساله حقوق بشر نه در کشور خود و نه در دیگر کشورها ندارند، برای ناقضین حقوق بشر در ایران، بویژه دستگاه های نظامی – امنیتی و دستگاه قضایی، از اهمیت ویژه ای برخوردار است.

مسلما مسئولین دستگاه قضایی ایران هیچ دل خوشی از دخالت های اتحادیه اروپا و یا مخالفت های مقامات امریکایی در رابطه با دستگیری ها، سنگسار، اعدام و شکنجه که توسط مقامات قضایی و دستگاه های امنیتی انجام می گیرند، ندارند. و ترجیح آنها شاید تقویت مناسبات با کشورهایی است که اصلا به این مسائل توجهی نداشته و در روابط اقتصادی خود موضوع رفتار حکومت با مردم و مسله حقوق بشر را سنجاق هیچ قرارداد دیگری نمی کنند.

به نظر می رسد که جریان خشن درون حکومت ایران از بخش های تروریسی آن، چون سپاه قدس گرفته تا جریاناتی در دستگاه قضایی که ناقضین اصلی حقوق بشر در ایران هستند، همگی مخالف آغاز و پیشرفت روند مذاکرات و تنش زدایی در مناسبات دو کشور باشند.

چشم انداز مذاکرات ایران و امریکا و پی آمدهای آن (گفتاردوم)

پیامدهای مذاکره در اپوزیسیون در داخل و خارج از کشور چه بوده و حامیان و مخالفان آن چه جریاناتی هستند، و چرا؟

اگر مذاکره را با چشم انداز حل بحران و یا تنش زدایی در مناسبات دو کشور در نظربگیریم و به آینده مذاکرات خوش بین باشیم، طبیعی است که پیامدهای مذاکرات که در جهت نرمالیزه شدن مناسبات بین دو کشور خواهد رفت نتایج مستقیم و بلاواسطه ای در رفتار، عملکرد، مناسبات و امکانات عمل اپوزیسیون خواهد داشت. وقتی از اپوزیسیون صحبت می کنیم، شاید بهتر باشد که از دو بخش از اپوزیسیون صحبت کرد: اپوزیسیون داخل و خارج.

گرچه بحث داخلی و خارجی بحثی است که رژیم در سی سال گذشته به آن دامن زده و با طرح آن فضای امنیتی خاصی را برای نیروهای خارج از کشور بوجود آورده و دقیقا متناسب با همان فضای امنیتی، مانع از برقراری مناسبات سالم در میان نیروهای مخالف حکومت در داخل و خارج شده است. ولی یک واقعیت هم وجود دارد، و آن اینکه بخشی از اپوزیسیون خارج از کشور در حقیقت اولین بخش از مخالفت جمهوری اسلامی بوده و مورد سرکوب بیرحمانه حکومت در سالهای ابتدایی شکل گیری نظام اسلامی قرار گرفته و تفاوت آشکاری با اپوزیسیون کنونی در داخل کشور دارد. تفاوت اصلی آنها در ایسنت که جریان خارج از کشور گرایش سرنگونی طلبی دارد ولی اپوزیسیون داخلی پیرو گرایش اصلاح طلبانه، رفرمیستی و تغییر روش حکومتی است. اپوزیسیون داخلی که عمدتا پیرو رهبران جنبش سبز و گرایش های رادیکال جنبش اصلاح طلبی داخلی است و از حمایت پایه های وسیع اجتماعی در کشور برخوردار است و گرچه یکی از نیروهای اصلی منتقد نظام اسلامی است، اما هنوز سرنگونی نظام اسلامی را نمی خواهد که خود این امر دو دلیل عمده دارد. دلیل اول اینست که تقریبا اکثر رهبران و کادرهای جنبش اصلاحات و جنبش سبز از کادرها و رهبران درجه دوم نظام اسلامی در تمام سی سال گذشته بوده اند و بسیاری از آنها هنوز در نظام

کنونی از موقعیت ها و فرصت های ویژه ای نسبت به نیروهای خارج از نظام برخوردارند و در صورت فروپاشی نظام کنونی، نه تنها موقعیت ها ی ویژه و فرصت های کنونی و آتی را از دست خواهند داد که نگران پیامدهای سرنگونی احتمالی نیز هستند.

بسیاری از این دوستان در دهه آغازین انقلاب در نهادهای انقلابی چون سپاه، کمیته ها، دادگاه های انقلاب و دستگاه های اطلاعاتی نظام به کار مشغول بوده و در خشونت های دهه نخست شاید کم و بیش نقش هایی داشته اند. شکایت های شخصی فراوانی در فردای سرنگونی برعلیه تک تک آنها در دادگاه های آینده طرح خواهد شد و معلوم نیست در فضای غیرقابل پیش بینی پس از فروپاشی و فقدان کنترل دولتی و اجتماعی و برافروخته شدن احساسات مردم، چه وضعیتی و چه سرنوشتی نصیب این دوستان می شود. پس این یکی از نگرانی های اصلی همه کسانی است که در طول سی سال گذشته به شکلی در خدمت نظام اسلامی بوده اند. رهبری نظام و دستگاه های امنیتی آن هم به خوبی از این دغدغه همکاران گذشته خود آگاه بوده و هرچه بیشتر به آن دامن می زنند و آنها را از فردای فروپاشی می ترسانند.

دلیل دوم شاید تغییر درک اجتماعی مردم ما از چگونگی گذار است، یعنی فهم و چشم انداز طبقه متوسط کشور که نیروی اصلی جامعه است از دگرگونی مطلوب در آینده. آنچه مسلم است بخش بزرگی از نیروی طبقه متوسط یا دست کم بخش گویای آن که قلم بدست دارند و می نویسند و حرف می زنند و در جریان های سیاسی فعال هستند، بطور عمده از حرکت های مسالمت جویانه، صلح طلبانه و رفرمیستی حمایت کرده و به معنای آنچه که خواست اکثریت نیروهای اپوزیسیون خارج نشین است، سرنگون طلب نیستند. از نظر آنها حتی عبور و گذار از نظام اسلامی و حکومت دینی، یک پروسه تدریجی و گام به گام است و بیشتر یک تمایل پراگماتیسم رفرمیستی برآنها حاکم شده است. اما در نقطه مقابل جریان داخلی، جریان اصلی اپوزیسیون خارج نشین، سرنگون طلب، خواهان فروپاشی نظام اسلامی و بعضی بخش های آن، بدنبال انتقام گیری از مجموعه حاکم در سی سال گذشته هستند.

در این بخش با توجه به سن وسال و سابقه مخالفت آنها، سلطنت طلب ها و سپس مجاهدین و گروه های جدایی طلب قومی نقش اصلی را دارند و در حاشیه آنها جریان های رادیکال چپ و ملی قرار گرفته اند. گرچه اختلاف هایی در رابطه با شکل و شمایل ساختاری نظام آینده وجود دارد، اما در رابطه با سرنگونی نظام کنونی، تقریبا اتفاق نظر نسبی وجود دارد. (البته

بعضی با خجالت و بعضی با صراحت سرنگونی طلبی خود را بیان می کنند
(

حالا باید دید که اگر مذاکره ای صورت گیرد، پیامدهای آن بر این دو بخش از اپوزیسیون و یا بهتر بگویم بر پروژه های خارجی که اپوزیسیون نیز خود را درگیر آن کرده است چه خواهد بود. و چرا بعضی به شدت و با بهانه های گوناگون از برقراری رابطه میان جمهوری اسلامی ایران با امریکا ناخشنود بوده و مخالف آن هستند.

آنچه مسلم است، در میان مدت و دراز مدت با ایجاد رابطه با امریکا و کاهش تنش های موجود بین دو کشور و در نتیجه آن، تنش زدایی نسبی میان ایران و کشورهای منطقه و اسرائیل، به کمتر شدن حضور نظامیان و جریان های افراطی اطلاعاتی-امنیتی در بالای هرم حکومت منجر شده و کمترین پیامد آن اینست که با حذف نظامیان از ویترین حکومتی و به پشت صحنه رفتن آنها، فضای مناسب تری برای جریان های غیرنظامی و اصلاح طلب و رفرمیست های خودی در درون حکومت باز خواهد شد. اینکه چه افرادی به صحنه خواهند آمد روشن نیست و در اینکه چهره های شاخص جریان کنونی اصلاحات در ایران آیا بازیگران فردا باشند، جای تردید وجود دارد. اما روشن است که جریانی مشابه و نزدیک به جریان اصلاح طلب جای جریان های سخت سر نظامی کنونی را در ویترین حکومتی خواهد گرفت و بودن شک، چهره های شاخص کنونی اصلاح طلب و کادرهای اصلی آنها که هم اکنون در زندانها و زیر فشار هستند، به زندگی در فضای آرامتری بازگشته و دوباره جایی برای حضور حاشیه ای در سیاست خواهند یافت. در دراز مدت مسلما تجدید مناسبات با غرب و تنش زدایی در مناسبت بین المللی به نفع جریان اصلاح طلب در کشور بوده و آنها بازیگر اصلی میدان سیاست ایران خواهند بود. البته جایگاه آینده اصلاح طلبان به میزان زیادی به استعداد، کارآمدی و توانایی های آنها و رفتار دمکراتیک و دوری جستن از انحصار طلبی نیز بستگی دارد. اصلاح طلبان نباید در هیچ مرحله ای به شیوه های انحصارطلبانه و تمامیت گرایانه توسل جسته و از قدرت نیروهای محافظه کار راست گرا در جامعه غافل شوند.

از جهت دیگر قدرت آنها برای ایجاد توازن با نیروی محافظه کار سنتی و نظامیان حامی آنها، تا حدود زیادی به رابطه آنها با جریان های سکولار و دمکرات ایرانی بستگی دارد که بیشترین جاذبه موجود را در میان طبقه متوسط برای تجهیز جنبش دمکراتیک در ایران در آینده داشته و در عین

حال حضور آنها در قدرت حکومتی بیشترین عامل ثبات و بیمه دستگاه ها و نهادهای حکومتی در رابطه حکومت در مناسباتش با دنیای غرب است.

اما تاثیر و پیامدهای ایجاد رابطه بر اپوزیسیون خارج از کشور چه خواهد بود؟

اپوزیسیون خارج کشور نیز از چند گروه عمده تشکیل شده است که گرچه همگی خود را اپوزیسیون نظام اسلامی می دانند ولی اختلاف های جدی میان آنها وجود دارد. عمده ترین اختلاف که در حقیقت ادامه همان اختلاف اپوزیسیون داخلی و خارجی است، بحث سرنگونی طلبی است که بعضی از گروه های اپوزیسیون خارج از کشور را از دیگر جریان ها جدا کرده است. پس از شکل گیری جنبش اصلاحات و باز شدن فضای سیاسی در کشور، بخش قابل توجهی از جریان های چپ و ملی از بحث توسعه سیاسی در کشور در دوران آقای خاتمی استقبال کرده و در خارج کشور به حمایت از جریان های اصلاحات در داخل کشور پرداخته و به عنوان حامیان اصلاح طلبان در اپوزیسیون معروف شدند. دلایل استقبال از جنبش اصلاحات در خارج از کشور خود موضوع مطلب جداگانه ایست. اما بطور خلاصه بدینگونه بود.

آ ــ فضای نسبتا مناسب تر فعالیت سیاسی در داخل زیر پوشش های گوناگون

ب ــ بازگشت بخشی از بدنه و چهره های شاخصی از جریان چپ سابق و روشنفکری ایران در فضای مطبوعاتی و طرح بحث های جدید

پ ــ اقبال بی نظیر مردم از جریان اصلاحات و اصلاح طلبان حکومتی از طرح نویی که آنها در انداخته بودند

ت ــ گفتمان حاکم دوران خاتمی، گفتگو و تشویق به گفتگو در داخل و خارج کشور و بازشدن مرزها و رفت و آمدهای جدید

ث ــ حضور بعضی از چهره های فعال سیاسی خارج از کشور در فضای مطبوعاتی دوران اصلاح طلبان

ج ــ فشار از پایین از طرف بدنه جریان های چپ و ملی به سازمان های خود به شیوه های گوناگون برای پشتیبانی و همراهی جریان مورد اقبال عمومی اصلاحات در داخل کشور

چ ــ موقعیت جدید حکومت اسلامی با چهره اصلاح طلبانه و گفتگوگر آن در محافل بین المللی

خ ــ استقبال بخش هایی از اصلاح طلبان از نوعی آشتی ملی و دوستی با جریان های خارج نشین

د ــ ایجاد نهادهای مدنی در داخل کشور و حضور گسترده فعالین سیاسی گذشته در نهادهای مدنی

ذ ــ از همه مهمتر، حضور و شکل گیری جنبش های گسترده زنان و جوانان و دانشجویان با مطالبات دمکراتیک ولی با ملاحظات اصلاح طلبانه. اهمیت این جنبش ها در این بود که جریان های چپ خارج از کشور- چه با ادعای چپ و چه با ادعای دمکراتیک لیبرالی یا سوسیالیستی ــ خود را قیم و یا به گونه ای مالک این جنبش ها می دانستند. پس باید به خواسته ها و نگاه رهبران این جریان ها در داخل کشور پاسخ مناسب داده و رابطه خود را با آنها به گونه ای معقولانه که مورد قبول آنها نیز باشد، حفظ نمایند. از آنجا که نیروهای جنبش زنان و جوانان و دانشجویان در داخل تمایل جدی به همکاری با جریان اصلاح طلب داشته و به دلایل معینی با جریان سرنگونی طلب خارج نشین فاصله داشتند، این بخش از اپوزیسیون خارج از کشوری نیز در سالهای گذشته کم و بیش با جریان سرنگون طلب فاصله معینی را حفظ کرده است.

اما وقتی صحبت از اپوزیسیون خارج می کنیم، بخش عمده آن متشکل از جریان های سلطنت طلب، مجاهدین، چپ های رادیکال، جریان های جدایی طلب قومی در مرزهای کشور مورد نظر است. البته بخش هایی از جریان های داخلی واصلاح طلب گذشته نیز در سالهای اخیر به این جمع افزوده شده که گاه برخی از آنها در رقابت با جریان های سلطنت طلب و مجاهد حتی گوی سبقت را از آنها نیز ربوده اند. و در زد و بندهای مستقیم و غیرمستقیم با دولت های خارجی نیز بسیار فعال عمل می کنند. در کنار همه اینها یک جریان تروریستی و شبه القاعده ای هم وجود دارد که با عنوان جندالله در منطقه شرق و یا با پوشش های دیگر در مناطق جنوبی و شمال کشور نیز فعال هستند. این جریانات که بطور عمده بند ناف شان به سازمان های اطلاعاتی و امنیتی کشورهای همسایه ایران متصل است، گرچه شاید در طبقه بندی اپوزیسیون ایران نتوان از آنها نام برد ولی در ترور و تخریب نقش اصلی را داشته و در صورت حاد شدن مناسبات سیاسی و احتمال یک درگیری نظامی در منطقه می توانند به بازیگران اصلی و جدی در صحنه سیاسی کشور مبدل شوند. همان پدیده ای که در لیبی رخ داد و در سوریه این روزها شاهد آن هستیم (فوران خشونت و تروریسم گسترده). اما در این مطلب صحبت بر سر این جریان های تروریستی نیست و بحث بر سر اپوزیسیون سرنگون طلب ایرانی است که بطور عمده برای خود در پروژه های براندازی به کمک غرب جای ویژه ای قائل بوده و در حقیقت نقش آفرینی می کند.

مورد نظر ما در اینجا بطور آشکار و روشن آلترناتیو سازی های قلابی است. پروژه هایی چون جریان استکهلم، بروکسل-پراگ و سازمان هایی چون سازمان مجاهدین خلق ایران ، که کارگردان های اصلی آن سمت و سوی حرکت خود را با عقربه قطب نمای تصمیم گیرندگان در وزارت خارجه و وزارت دفاع امریکا تنظیم کرده و می کنند، منابع مالی آنها به طور عمده از کشورهای خارجی تامین شده و نقش تصمیم گیری در انتخاب و تصمیم گیری در آنها نیز با مشورت مستقیم خارجی می باشد . و درست به همین دلیل طی چند ساله گذشته همواره از تنش بیشتر در مناسبات جمهوری اسلامی ایران با امریکا آشکارا خشنودی خود را اعلام کرده و از همه اقداماتی که به این تنش دامن زده و می زند، حمایت می نماید. افراد شاخص این جریان هرگاه فضای مناسبی یافته اند و یا احتمال حمله نظامی به ایران افزایش یافته، به نوعی از حمله نظامی و پروژه های لیبی-سازی کردن و سوریه-سازی کردن ایران حمایت کرده و با صراحت از تحریم های کمرشکن اقتصادی که در جهت تدارک حمله نظامی بکار می روند، حمایت می کنند. این گروه از هر بهانه ای - از مساله اتمی گرفته تا دخالت ایران در مسائل منطقه ای و نقش ایران در تروریسم – درتنش و تقابل میان ایران و امریکا-اسرائیل و حتی کشورهای مرتجع منطقه خود را تماما در بلوک مقابل ایران قرار داده و بدون توجه به پیامدهای کوتاه مدت و دراز مدت، تشدید تشنج در منطقه برعلیه ایران را هدف خود قرار داده اند و در این راستا سیاست کاهش قدرت سیاسی حکومت ایران و قدرت منطقه ای آن را دنبال می کنند، سیاستی که طبیعتا باید سیاست رقبای منطقه ای ایران باشد و نه سیاست خود ایرانی ها، چه پوزیسیون و چه اپوزیسیون.

اما پیامدهای مذاکره و احتمالا عادی شدن مناسبات ایران و امریکا برای این گروه چه خواهد بود؟

منطقی است که وقتی دو کشور وارد مذاکره برای عادی سازی روابط می شوند، نخستین گام آنها نشان دادن حسن نیت برای گفتگو از راه پایان دادن به تبلیغات دشمنانه و توقف عملیات خصمانه علیه یکدیگر است. این اقدامات چه هستند و اولویت های ایران و امریکا در این زمینه ها چیست؟ ظاهرا اولویت با بحث هسته ای است. چرا بحث هسته ای در صدر لیست مذاکرات است؟ چرا ایران به دنبال دستیابی به سلاح هسته ای است؟ بحث هسته ای و دستیابی ایران به سلاح هسته ای هم اصل قضیه هست، و هم نیست. اصل قضیه است چرا که طرف ایرانی پس از مشاهده ی حمله به عراق و افغانستان

و لیبی و اوضاع کنونی در سوریه از یک طرف و احتیاط غرب در رفتار با کره شمالی از طرف دیگر متوجه شده است که برای حفاظت از اقتدار سیاسی حکومت و جلوگیری از فروپاشی براثر حمله نظامی خارجی، باید خود را به سلاحی مجهز نماید که مساله حمله نظامی از خارج را منتفی نماید. پس برای رهبری جمهوری اسلامی ایران دستیابی به سلاح هسته ای به معنای بیمه کردن نظام و قدرت حکومتی آنها در مقابله با تهدید حمله نظامی خارجی است. و اگر قرار باشد مذاکره ای در رابطه با توقف غنی سازی و یا توقف فعالیت های ایران در این عرصه به نتیجه ای برسد، تضمین امنیتی برای طرف ایرانی یکی از شرایط اصلی این مذاکرات است. تضمین امنیتی در این زمینه به معنی این است که امریکا و متحدین او در رابطه با مساله تغییر حکومت و بحث regime change تغییر سیاست داده و بحث براندازی را از دستور کار خود خارج نمایند.

خارج کردن بحث تغییر حکومت از دستور کار امریکا یعنی چه؟

یعنی توقف همه اشکال دخالت سیاسی و غیرسیاسی در امور ایران، یعنی همان رفتاری را با حکومت و مردم ایران درپی گیرند که مثلا در رابطه با حکومت و مردم عربستان سعودی و قطر و کویت و پاکستان و ترکیه دارند، شبیه آنچه با همه کشورهایی می کنند که مناسبات شان با امریکا عادی است.

یعنی اینکه رهبری ایران در ازای توقف فعالیت هسته ای خود، خواهان همه فعالیت های براندازانه بر علیه نظام جمهوری اسلامی ایران از سوی طرف مقابل باشد.

این فعالیت ها چیست که جمهوری اسلامی ایران نگران آن است و خواهان توقف آنهاست؟

نخست و مهمتر از همه: مهار زدن به سیاست تهاجمی اسرائیل و توقف به تهدیدات و حمله نظامی از طرف این حکومت و اینکه امریکا صراحتا و بطور رسمی مخالفت خود را با هرگونه حمله نظامی به ایران اعلام نماید.

دوم: توقف تحریم ها و برداشتن موانع قانونی در راه داد و ستد ایران با دیگر کشورها و امکان دوباره ی فروش نفت ایران در بازارهای جهانی.

سوم: محدود کردن و نهایتا پایان دادن به همه اشکال مداخله امریکا در امور داخلی ایران که در سرلوحه آن محدود کردن فعالیت اپوزیسیون قرار دارد. مسلما بحث دخالت در امور داخلی بحث پیچیده ایست. یعنی هیچ کشوری به هیچ عنوان نمی تواند مدعی شود که مثلا از عملیات جاسوسی خود در کشوری دیگر دست برخواهد داشت. اسرائیل و امریکا که نزدیک ترین متحدین سیاسی در جهان امروز هستند، برعلیه همدیگر به فعالیت های جاسوسی می پردازند. پس بحث بر سر توقف مثلا عملیات سیا در جمع آوری اطلاعات و فعالیت های جاسوسی مطرح نیست. اینجا بحث برسر دخالت های آشکار در امور داخلی کشور دیگر است. مثل راه اندازی رسانه های ویژه ای که از صبح تا شب در اختیار گروه های مخالف قرار گرفته و یا اختصاص بودجه های رسمی برای حمایت از اپوزیسیون یک کشور دیگر. مسلما ایرانی ها در مذاکرات خواهان تعطیل شدن همه پروژه های حمایتی از اپوزیسیون ایران و همه شیوه های دخالت در امور کشور می شوند، همانطور که امریکا هیچ پروژه رسمی برای مداخله سیاسی در امور داخلی عربستان و ترکیه و آرژانتین ندارد.

در عوض، امریکا نیز از ایران خواهد خواست که از دخالت در دیگر کشورها و حوزه های نفوذ منطقه ای دست برداشته و به عملیات خرابکارانه مستقیم و غیرمستقیم برعلیه نیروهای امریکا و متحدین آنها مثلا در عراق، افغانستان و یا دیگر مناطق پایان دهند. و یا از پشتیبانی نیروها و عملیات تروریستی در دیگر کشورها خودداری نمایند.

پس در نتیجه مذاکرات، اگر قرار باشد مذاکره به نتیجه ای منتهی شود و به قول آقای کیسینجر (*) در مقاله اخیر ایشان که در واشنگتن پست به چاپ رسیده است، هرچه زودتر "به نقطه تصمیم برسد" می بینیم که ایشان با صراحت می گوید که "ما می خواهیم که مساله حل شود و اگر ایران در مورد حل مساله جدی باشد ما اجازه نخواهیم داد ظرایف یا پروتکل های دیپلماتیک ما را محدود کند." این سخن کیسینجر به معنای آن است که در

_____

* هنری کیسینجر: مذاکره اتمی با ایران باید زودتر به نقطه تصمیم برسد[٦]

http://www.bbc.co.uk/persian/iran/2012/11/121117_l23_henry_issinger_iran_usa_obama_nucler_talk.shtml

صورتی که دو طرف به طور واقع بینانه نگرانی های یکدیگر را متوجه شده و در نظر گیرند. بقیه مسائل که ایشان از آن تحت عنوان ظرایف یا پروتکل های دیپلماتیک یاد کرده، همه قابل حل است.

یعنی اگر رهبری جمهوری اسلامی ایران به دغدغه ها و نگرانی های امریکا و همکاران منطقه ای امریکا پاسخ قابل قبول بدهد، امریکا هم بحث براندازی را که طی سالهای گذشته بطور رسمی و آشکار در سیاست های این کشور تبلیغ شده و در سیاست های روزانه آنها نیز به اشکال مختلف دیده شده است را کنار خواهد گذاشت. کنار گذاشتن سیاست تغییر رژیم از طرف امریکا یعنی مرگ اپوزیسیون برانداز وابسته به این کشور. یعنی پایان زندگی پروژه هایی چون کنفرانس های لندن و استکهلم، بروکسل و پراگ، یعنی پایان و یا کاهش بودجه برنامه های رادیویی و تلویزیونی رسانه هایی چون رادیو فردا، صدای امریکا و ده ها رسانه دیگر که تحت پوشش های موسسات امریکایی به اصلاح مستقل اما در حقیقت وابسته به وزارت خارجه کار می کنند. یعنی پایان کار بسیاری از آقایان و خانم هایی که به پول موسسات امریکایی برعلیه نظام اسلامی قلم زده و مشغول برنامه سازی هستند. یعنی یک خانه تکانی اساسی در وضعیت اپوزیسیون ایرانی وابسته به غرب. وقتی صحبت از پایان دادن به کار صدای امریکا یا رادیو فردا می کنم، منظور این نیست که این رادیو ها تعطیل خواهند شد. منظور این است که شاید مثلا دیگر کمتر در برنامه های سیاسی شاهد حضور چهره های فعال و سرشناس اپوزیسیون برانداز باشیم و احتمالا کم کم سمت و سوی برنامه ها به طرف بحث هایی در رابطه با مثلا چگونگی توسعه اقتصادی ایران، سرمایه گذاری شرکت های امریکایی و منافع حاصل از آن برای مردم ایران و یا تبلیغ کالاهای امریکایی جای مصاحبه با فعالین و چهره های اپوزیسیون ایرانی را بگیرد. همان تغییری که مثلا در دهه ۵۰ در برنامه های رادیو مسکو شاهد بودیم که صحبت برسر میزان تولید گندم و پنبه در قزاقستان و ترکمنستان بود و اندازه هندوانه های آن مناطق در مقایسه با محصولات کشورهای غربی، احتمالا رادیو فردا کم کم می شود مثل بخش رادیو فردای همین امروز در قسمت قفقاز که شامل ارمنستان و گرجستان و آذربایجان است که بیشتر مبلغ سیاست های حکومت های آنهاست و کمتر برنامه ای در آن می بینید که در راستای سرنگونی حکومت الهام علی اوف باشد و یا دیگر رهبران فاسد و مستبد در کشور های دیگر در این مناطق، و به سر صدای آمریکا هم همان خواهد آمد که در آخرین سالهای حکومت شاه بر سر رادیو پکن آمد که کم کم شده بود مبلغ رژیم شاه و فرستنده پیام های تبریک هواکفنگ به شاهنشاه آریامهر آنهم درست زمانی که ایشان در تهران جنایت ۱۷ شهریور را آفرید و چند صد نفر از مخالفین ایرانی را در این میدان به خاک و خون کشید و

رهبر معظم چین در ایران از خدمات شاه و پیشرفت های ایران داد سخن می داد و رادیو چینی آنها را برای مردم ما پخش می کردند.

پس اگر مذاکره ای در جریان باشد و چشم اندازی برای عادی سازی مناسبات وجود داشته باشد و چنانکه کیسینجر نتیجه می گوید "ما می خواهیم که مساله حل شود." حل مساله یعنی تعطیلی بسیاری از پروژه هایی که پیامدشان ایجاد تنش در روابط بوده و پس از رفع بحران نیازی به ادامه آنها نیست. پروژه ی آلترناتیو سازی با مدیریت امریکا و همه فعالیت های پیرامونی آنها، در نتیجه رو به تعطیلی رفته و عملا دکان اپوزیسیون وابسته ایرانی و یا آن بخشی که به انتظار معجزه ی امریکا نشسته که رژیم را تغییر دهد و آنها را بر مسند قدرت بنشاند، تعطیل خواهد شد.

بازنده اصلی این مذاکرات، اپوزیسیون ایرانی وابسته به غرب است که همه فعالیت و موجودیتش به تنش موجود میان ایران و امریکا گره خورده و ادامه حیاتش در ادامه تحریم های بیشتر برعلیه ایران، تنش بیشتر میان حکومت جمهوری اسلامی ایران با دنیای خارج و وقوع یک جنگ همه جانبه است. به همین دلیل هم بسیاری از چهره های شاخص آنها در مصاحبه ها، میزگردها و نامه های دسته جمعی خود، از همه اقدامات تهاجمی برای منزوی کردن ایران در محافل بین المللی و از جمله تحریم های کمر شکن و فلج کننده برعلیه جمهوری اسلامی حمایت می کنند. چرا که این تحریم ها دو کاره اند و چنانکه طرفداران تحریم ها این روزها مدعی هستند برای جلوگیری از جنگ نبوده و آلترناتیوی در مقابل جنگ نیستند،هدف تحریم های اخیر تضعیف بنیه اقتصادی و زیر بنایی کشور به منظور متلاشی کردن قدرت دفاعی کشور و جامعه بوده و در حقیقت بخشی از آماده کردن و ایجاد تدارکات لازم برای حمله نظامی است. همان روندی که در ده ساله آخر حکومت صدام شاهد آن بودیم. و بی جهت نیست که حتی برخی از جریان های قومی، مثل حزب دمکرات کردستان، به صراحت از امریکا می خواهند که منطقه کردستان را منطقه پرواز ممنوع اعلام کرده و با حضور نظامی خود در فضای جمهوری اسلامی ایران، مقدمات جنگ را فراهم نمایند. یعنی همان چیزی که در عراق اتفاق افتاد.

اما با همه اینها اگر مذاکره ای آغاز شود و چشم اندازی برای عادی سازی مناسبات بوجود آید، گرچه این بخش از اپوزیسیون دکانش تخته خواهد شد، اما نتیجه نهایی آن به نفع بخش مستقل و دمکرات اپوزیسیون ایران است. چرا که از حالت نشستن در اتاق انتظار سی ساله بیرون آمده و باید دست به کمر خود زده و همان راهی را برود که آزادی خواهان و مدافعین دمکراسی

در تمام کشورهای توتالیتر و سرکوبگر در پیش گرفتند، یعنی همکاری با نیروهای داخل کشور و سازماندهی یک جنبش وسیع دمکراسی خواهانه.

مذاکرات ایران و امریکا اگر به نتایج معینی در تنش زدایی از روابط دو کشور منجر گردد، نتیجه مستقیم و فوری آن بر اپوزیسیون دمکرات ایرانی این است که چنین نیروهای هوادار تحول دمکراتیک در داخل و خارج کشور هرچه بیشتر به هم نزدیک تر می شوند و این امر به تقویت هرچه بیشتر جریانات اپوزیسیون طرفدار اصلاحات و رفرم در خارج انجامیده و فضای مشابه دوران ریاست جمهوری آقای خاتمی بار دیگر شکل خواهد گرفت.

چشم انداز مذاکرات ایران و امریکا و پی آمدهای آن (گفتار سوم)

پیامد سیاسی، اقتصادی و امنیتی رابطه ایران و امریکا برای کشورهای منطقه

در ادامه مطلب به این پرسش می پردازم که:

چه کشورهایی و یا چه جریاناتی در منطقه مخالف و یا موافق مذاکره امریکا با ایران بوده و چه سود و زیانی حاصل آنها خواهد شد؟

برای پاسخ به این پرسش باید به تاریخ چند دهه گذشته نگاهی انداخت و دید که در این مدت، و بویژه پس از انقلاب ایران، چه بلوک بندی های جدیدی در منطقه شکل گرفته است. رابطه این بلوک بندی ها با ایالات متحده و متحدین او چه بوده، و چه سود و زیانی حاصل آنها شده است.

تنش موجود در مناسبات میان ایران و امریکا وضعیتی را در سی سال گذشته در منطقه بوجود آورده که برخی از کشورها از کنار آن مزایای فراوانی بدست آورده اند و از این رو موافق بهبود مناسبات میان این دو کشور نیستند و ادامه وضع موجود را - یعنی نه فروپاشی نظام، و نه ایجاد یک رابطه دوستانه با امریکا و غرب - به نفع خود می دانند. (نگاه کنید به نوشته بخش اول همین کتاب تحت عنوان "مقاله نگاهی به دگرگونی های منطقه پس از انقلاب اسلامی تا کنون"

برای بررسی دقیق تر مواضع کشورهای منطقه باید در سه حوزه سیاسی، اقتصادی و امنیتی در این رابطه نگاه کرد.

پیامدها در حوزه سیاسی:

در حوزه سیاسی، چه در دوران اتحاد جماهیر شوروی و چه در روسیه دهه اخیر، تنش میان ایران و امریکا به سود روسیه بوده است. سیاست ایران در تمام سه دهه گذشته همیشه در خدمت منافع روسها در معاملات جهانی بوده و روسها عملا آنها با استفاده از برگ برنده ایران موفق شده اند که در مذاکرات خود با امریکا، اروپا و کشورهای منطقه، بخاطر حرف شنوی ایران و وابستگی اش به روسیه، از ایران به عنوان پشت جبهه سیاسی خود سود برده و در بیشتر موارد کمترین امتیازی نیز به طرف ایرانی نداده اند.

بیشتر سودجویی در حوزه سیاست را روسیه در رابطه با پروژه هسته ای ایران و وابستگی این پروژه به روسها بدست آورده است . سیاستی که طرف ایرانی نیز خسارت های فراوانی از آن خورده است. در همین حوزه، بلوک های ایجاد شده از جمله بلوک عربی به رهبری عربستان سعودی و اخیرا بلوک جدید سیاسی به رهبری ترکیه، عربستان و قطر نیز موفق شده اند که با ایجاد وحشت از رهبری جمهوری اسلامی ایران، کشورهای منطقه را زیر چتر خود گرفته و در تمام کنفرانس های منطقه ای سیاست های خویش را علیه ایران به پیش برند.

اسرائیل نیز در این زمینه با ایجاد وحشت از یک ایران اتمی در داخل و خارج از سرزمین خود، از یک سو بزرگترین ائتلاف ضدایرانی را در غرب را بوجود آورده و ضمن تهدید به حمله نظامی به ایران، موجبات سخت ترین تحریم های اقتصادی را بر علیه ایران در طی سی سال گذشته فراهم کرده، و از سوی دیگر موفق شده است که با تضعیف موقعیت منطقه ای ایران و ایجاد مانع از شکل گیری یک ائتلاف ایرانی – عربی بر علیه خود در منطقه، نقش ابرقدرت منطقه ای را برای خود حفظ نماید.

برجسته کردن خطر ایران-شیعه از سوی اسرائیل برای کشورهای عربی و مردم کوچه و خیابان در این کشورها موجب آن شده که در همه گردهمایی های کشورهای عربی و مسلمان، خطر جمهوری اسلامی ایران به مساله اصلی این منطقه مبدل گردد و پیمان های دفاعی و سیاسی گوناگونی تحت

مقابله با تهاجم شیعه شکل گیرد. کشورهای واپس گرای منطقه نیز چون عربستان سعودی با بزرگ کردن این خطر در داخل کشور خود به دنبال انحراف افکار داخلی بوده و بویژه طی چند سال گذشته و آغاز خیزش های اعتراضی در منطقه، بیشتر به خطر گسترش شیعه گری ایرانی می پردازند.

این خطر چنان برجسته شد که قیام اعتراضی مردم بحرین به شدید ترین وجه موجود و با کمک نیروهای نظامی و امنیتی سعودی سرکوب شد و کمترین اعتراضی را در هیچ کدام از کشور های عربی بر نیانگیخت، چرا که از همان ابتدا به عنوان قیام مردم شیعه طرفدار حکومت ایران بسته بندی شد و این در حالی بود که قیام های مشابه و در ابعاد بسیار کوچک تر از آن در دیگر کشور های عربی تحت عنوان بهار عربی مورد ستایش و حمایت قرار گرفتند و اعتراض ها در منطقه ای کوچک در سوریه آنچنان مورد حمایت مستقیم کشورهای غربی، ترکیه و قطر و عربستان سعودی قرار گرفت که به یک بحران تمام عیار تبدیل شده که در نتیجه آن ده ها هزار نفر کشته و مجروح شدند و چند صد هزار آواره بر جای گذاشته است و روزی نیست که خبر گزاری های جهانی از آن غافل شوند. بسیاری کوشیدند که سوریه را نیز که یک حکومت کاملا سکولار بر آن حاکم است و شیعیان علوی در آن یک اقلیت کوچک می باشند در بلوک شیعه در کنار ایران و عراق قرار داده و از احساسات ضد شیعه برای انزوای بیشتر این حکومت بهره گیرند.

سوال اصلی اینجاست که آینده سیاسی این بلوک بندی های ساختگی پس از عادی سازی مناسبات با ایران به چه سرنوشتی دچار گردیده و به کجا خواهد رفت و چه کشورهایی بازنده آن خواهند بود. روشن است که همین کشورها تا آنجا که در توان دارند در بهبود این مناسبت کار شکنی خواهند کرد.

اگر مناسبات امریکا با ایران بهبود پیدا کند، یعنی این که امریکا و آژانس جهانی انرژی اتمی، خطر هسته ای برای منطقه و صلح جهانی از جانب ایران را منتفی اعلام کرده اند. در اینصورت، عملا بهانه خطر ایران اتمی در کل منطقه منتفی شده و سیاست های ضدایرانی از سوی اسرائیل و ائتلاف

کشورهای مرتجع عربی و ترکیه نیز که بیشتر بر همین مدعی بنا شده اند خنثی خواهد شد.

به نظر می رسد که کشورهای فوق هیچ کدام از نظر سیاسی گرایشی به از دست دادن بهانه ایران اتمی نداشته باشند و در صورتی که قرار باشد مذاکرات با رژیم کنونی ایران به نتایج رضایت بخشی برسد، نگران آینده بلوک بندی های سیاسی موجود در منطقه هستند.

بهبود مناسبات آمریکا با جمهوری اسلامی ایران و حضور یک ایران قدرتمند و مورد قبول غرب که درعین حال با سابقه سی ساله گذشته در حمایت از جنبش های اسلامی و ضد اسراییلی از حمایت چشمگیری در میان مردم کشورهای عربی و مسلمان برخوردار است، مشکل جدیدی در منطقه برای بسیاری از حکومت های واپسگرای خلیج خواهد بود. در این صورت، ایران مانع بزرگی بر سر راه هژمونی طلبی اسلام گرایانه ترکیه در منطقه نیز خواهد بود زیرا مدل ایرانی حکومت را با گرایش رادیکال تری در سیاست که بیشتر با روحیه مردم در منطقه همخوانی دارد، در رودررویی با مدل ترکیه ارائه خواهد کرد و خواب رهبران اسلام گرای ترکیه را در رهبری دنیای مسلمانان در هم خواهد شکست.

پیامدها در حوزه اقتصادی:

در حوزه اقتصادی روسیه طی سالهای گذشته به عنوان یکی از طرف های اصلی معاملات اقتصادی با ایران از عدم رابطه ایران با امریکا، سودهای کلانی برده است. بسیاری از کشورهای اروپایی نیز که طرف های اصلی معاملات اقتصادی با ایران بوده اند در سی سال گذشته بخش بزرگی از مبادلاتی را که در گذشته در اختیار شرکتهای امریکایی بود به نفع خود در اختیار گرفته اند. حجم مبادلات اقتصادی ترکیه نیز با ایران به همین دلیل افزایش فراوانی داشته است. در حوزه نفت و گاز شرکت های اروپایی جای رقبای امریکایی خود را نیز طی این سالها پر نموده و سهم امریکا را از آن خود کرده اند .

بازار بسیاری از کالاهایی که در گذشته در اختیار شرکت های امریکایی بود عملا در سی سال گذشته در اختیار شرکت های چینی ،اروپایی، ژاپنی و کره ای قرار گرفته است. این بازارها فقط شامل بازار اتومبیل، کامیون، وسائل الکترونیکی و کالاهای خوراکی و پوشاک نبوده؛ از همه مهمتر بازار تسلیحاتی است که دربست در اختیار امریکا بود و در این دوره کاملا در اختیار روسیه و برخی دیگر از کشورهای اروپایی و کره شمالی قرار گرفته است.

آلمان بزرگترین صادر کننده اروپایی کالا در طی تمام سالهای گذشته به ایران بوده است. این کشور فقط در دوره ریاست جمهوری آقای احمدی نژاد بیش از ۲۵ میلیارد یورو صادرات به ایران داشته است. با نگاهی به تاریخ گذشته می توان دید که چگونه آلمانی ها از خلاء حضور شرکت های آمریکایی بهره برده و بازار ایران را که یکی از پر سود ترین بازارهای منطقه بوده است در اختیار گرفته اند.

پیش از انقلاب، امریکا اولین صادر کننده کالا به ایران بود. در سال ۱۹۷۸ حجم واردات ایران از آمریکا حداقل ۳٫۷ میلیارد دلار بود که ایران را پس از کشورهای اروپایی و ژاپن در مقام بزرگترین خریدار آمریکا قرار می داد. با قطع روابط سیاسی ایران با ایالات متحده ، حجم مناسبات اقتصادی دو کشور به شدت رو به کاهش نهاد و این به معنی آن بوده که کالاهای مورد نیاز ایران را دیگران تامین می کنند و تنش موجود گرچه برای دو کشور ایران و آمریکا خسارات گرانی را به بار آورده است اما برای دیگر طرف های تجاری ایران سفره پر نعمتی را گسترده است که هنوز هم بر سر آن نشسته اند. بگذریم که رشد فراوان جمعیت ایران و نیز رشد بازار به حجم مبادلات اقتصادی این کشور نیز انجامیده است.

طبیعی است که ادامه تنش در مناسبات دو کشور به معنی ادامه وضعیت موجود بوده و نه فقط روسیه و چین که بسیاری از کشورهای اروپایی نیزخواهان بر قرار ماندن این خوان یغما می باشند، چرا که رفع تنش میان دو کشور رقیب جدیدی را بر سر این سفره خواهد نشاند که از قضا هم بسیار

خوش اشتها تر از آنهاست و هم با ارائه کالاهای متنوع با کیفیت بهتر قادر خواهد بود که انحصار آنها را در هم شکسته و حداقل بخشی از این بازار پرمایه را از دست آنها خارج نماید. همه آنها خوب می دانند که کالاهای آمریکایی در ایران بیشتر مورد استقبال مشتریان است و در عین حال با وجود شرکت های آمریکایی و در رقابت با آنها نرخ کالاها نیز کاهش یافته و از این نظر هم آنها سود آنها کاهش خواهد یافت.

برداشتن تحریم ها از جهت دیگری نیز قابل بررسی است و آن اینکه کشورهایی هستند که در شرایط تحریم، در مقابل کالاها و نفت ایران، مبادله پایاپای نموده و کالاهای خود را ـ که شاید حتی از کیفیت مناسب هم برخوردار نباشد ـ به جای ارز به ایران صادر می کنند. گاه حتی در برابر خرید نفت، همین کالای پایاپای هم ارائه نشده و به اصطلاح اعتبار آن به ایران داده می شود تا در آینده ایران از آن کشور کالا دریافت نماید. طبیعی است که این کشورها نیز خواهان پایان تحریم ها علیه ایران نیستند.

با نگاهی به جدول زیر که نمایانگر میزان واردات و صادرات امریکا از کشورهای ذکر شده است می توان دید که چگونه سهم آمریکا در صادرات به ایران سقوط نموده و تا چه اندازه سهم ایران در صدور کالا به امریکا در ۲۵ سال گذشته کاهش یافته است. می توان حدس زد که چه بخش از صادرات و واردات امریکا به دیگر کشور ها ی ذکر شده در این جدول می توانست با ایران باشد.

تراز تجاری	مجموع صادرات	مجموع واردات	نام کشور
-$230,174	$637,330	$867,504	کره جنوبی
-$285,562	$204,277	$489,840	عربستان سعودی
-$96,424	$198,312	$294,736	اسرائیل
-$55,511	$152,946	$208,456	فیلیپین
$113,402	$141,058	$27,657	امارات متحده
$44,310	$122,190	$77,880	ترکیه
-$21,331	$28,559	$53,141	پاکستان
-$127,415	$15,264	$142,680	عراق
$427	$5,200	$4,773	ایران

جدول آمار مجموع تجارت خارجی امریکا با برخی از کشورها از سال ۱۹۸۵ تا ۲۰۱۲. همه رقم ها به میلیون است.

با دقت در جدول آمار تجارت خارجی امریکا با برخی از کشورها از سال ۱۹۸۵ تا ۲۰۱۲ [۷] می بینیم که واردات امریکا از عربستان تقریبا ۱۰۰ برابر واردات امریکا از ایران بوده و صادرات امریکا به این کشور نیز بیش از ۵۰ برابر صادرات آن به ایران بوده است. این مقایسه با عربستان از این نظر قابل توجه است که این دو کشور در دهه ۷۰ میلادی نیز روابط دوستانه ای با آمریکا داشتند و در آن زمان حجم مناسبات اقتصادی ایران با امریکا ازعربستان حتی بیشتر بوده است. همین مقایسه را می توان در مورد ترکیه

---

[۷] داده های این جدول برگرفته از تارنمای اداره آمار امریکا مربوط به وزارت بازرگانی و تجارت خارجی از سال ۱۹۸۵ تا ۲۰۱۲ است.

/http://www.census.gov

و فیلیپین و یا پاکستان نیز کرد و دید که تا چه اندازه سقوط مناسبات اقتصادی به کشور ما لطمه زده و کدام کشور ها از خلاء این روابط سود جسته اند.

یکی دیگر از کشورهایی که از تنش موجود بیشترین سود آوری را داشته و بیشترین حجم معاملات خارجی را با ایران در اختیار گرفته امارات متحده عربی است که اکنون پس از چین دومین کشور صادر کننده کالا به ایران است. ۱۶.۷ در صد از واردات ایران از طریق امارات انجام می گیرد و میلیاردها دلار ایرانی در این کشور سرمایه گذاری شده و گفته می شود که ده در صد از کل جمعیت دوبی را ایرانی ها تشکیل می دهند[۸].

چین البته در ایران نیز مثل همه جای دنیا در رتبه اول مبادلات اقتصادی بوده و بیش از ۱۷ درصد از کل واردات ایران را در اختیار خویش دارد.

امریکا در یکی دو سال گذشته با اعمال تحریم های همه جانبه، دوستان اروپایی و رقیب های روسی و چینی خود را تا حدودی وادار نموده که حجم مبادلات خود را با ایران بطور جدی کاهش دهند و جلوی بخشی از بهره وری کلان آنها را گرفته است. اما این وضعیت برای دراز مدت نمی تواند ادامه پیدا کند. طرف های تجاری حاضر نیستند تمام و کمال سیاست های تحریم امریکا را رعایت نمایند. بهترین نمونه آن بانک بزرگ HSBC است که با وجود سیاست های تحریم بانکی، بطور غیرقانونی به طرف ایرانی امکان پول شویی نزدیک به یک میلیارد دلار را داده بود و اخیرا مجبور به پرداخت جریمه سنگینی شد.

برای امریکا نیز ادامه این وضعیت ممکن نیست. اگرامکان مذاکره در میان نباشد و تنش زدایی تا حد عادی سازی مناسبات در آینده نه چندان دور ممکن نگردد، جنگ تنها چشم انداز ممکن است و آینده ای برای سیاست نه جنگ-

---

[۸]http://www.bloomberg.com/apps/news?pid=newsarchive&sid=av5smtYe_DDA

نه صلح به گونه ای که در گذشته بود دیگر وجود ندارد. آمریکا تصمیم خود را گرفته است و اوضاع کنونی اصلا در جهت منافع ملی این کشور نبوده و آنها دیگر حاضرنیستند بیش از این ناظر وضعیت موجود باشند گرچه که بسیاری از دوستان و رقبای آنها خواهان ادامه همین وضعیت بوده و از تنش موجود در مناسبات دو کشور بیشترین بهره ها را می برند.

پیامدها در حوزه امنیتی:

در حوزه امنیتی، شاید بتوان گفت که وضعیت از همه پیچیده تر است. ایران یکی از بزرگ ترین قدرت های منطقه است و در حال حاضر پس از ترکیه شاید باثبات ترین کشور در این منطقه باشد. طبیعی است که ثبات نسبی در هر کدام از کشورهای اصلی و قدرتمند این منطقه به ثبات و امنیت همه منطقه کمک می کند و همه از این امنیت بهره خواهند برد.

امنیت منطقه، بویژه امنیت منابع انرژی در این منطقه که جمهوری اسلامی ایران خود یکی از صاحبان اصلی آن است، برای ایران به اندازه همه کشورهای دیگر امری حیاتی است.

در اینجا همه کشورها در حفظ امنیت منطقه بویژه در منطقه خلیج فارس اتفاق نظر دارند و بسیار با احتیاط عمل می کنند. همه آنها آگاه هستند که اگر امنیت یکی از آنها به خطر افتد، به احتمال زیاد امنیت دیگران نیز در خطر خواهند بود. این منطقه به انبار باروتی شباهت دارد که انفجار در هر گوشه آن به انفجار همه این انبار منجر شده و خشک و تر را با هم خواهد سوزاند. رهبران ایران بارها و بارها تاکید کرده اند که تا زمانی که امنیت ایران تامین گردد، همه کشورها از امنیت منطقه بهره خواهند برد و زمانی که امنیت ایران به خطر افتد، دیگران نیز در خطر از دست دادن امنیت منابع خود خواهند بود.

این موضوع، یعنی امنیت منطقه ای خلیج فارس، یا شاید بهتر است بگویم امنیت منابع انرژی در این منطقه، فقط مساله کشورهای حاشیه خلیج فارس و ساکن این منطقه نیست.

آمریکا نیز نگران امنیت این منطقه است و به همین دلیل است که وزیر سابق انرژی ایالات متحده، اسپنسر آبراهام، می‌گوید "امنیت انرژی اساسی‌ترین بخش امنیت ملی ماست.[۹] همین مهم موجب آن شده است که نیروی نظامی ایالات متحده در جهان و بویژه در منطقه خلیج فارس نقش پلیس را جهت تامین امنیت منابع انرژی بر عهده گرفته و بخش اعظم وظایف نیروی نظامی ایالات متحده در تمام جهان معطوف به محافظت از مراکز تولید و استخراج نفت، پالایشگاه‌ها، محافظت از خطوط لوله و کشتی‌های نفت‌کش شده است.

اکنون نفت به‌عنوان ماده‌ی اصلی تولید انرژی برای راه‌اندازی همه بخش های صنعت و خدمات در اقتصاد ایالات متحده نقش حیاتی ایفا می کند. به‌همین دلیل با افزایش هرچه بیش‌تر میزان نیاز این کشور به این ماده‌ی انرژی‌زا، امنیت کشورهای حوزه‌ی خلیج فارس برای آمریکا اهمیت بیش‌تری می یابد. اما جدای از این که کنترل مراکز تولید نفت از جهت تأمین نیازهای روزافزون روزانه در داخل ایالات متحده برای این کشور از اهمیت حیاتی برخوردار است، کنترل بازار فروش نفت به عنوان یک کالای استراتژیک در بازارهای جهانی نیز برای ایالات متحده به مانند ابزاری است برای کنترل و مقابله با سایر رقبای سیاسی- اقتصادی و نظامی و حتی قدرت‌های منطقه‌ای.

خلیج فارس و تنگه هرمز شاهراه عبور بخش بزرگی از منابع انرژی جهان است. ٦٠ درصد از کل ذخیره انرژی فسیلی موجود در جهان در این منطقه قرار گرفته و چرخ اقتصاد بسیاری از کشورهای بزرگ صنعتی جهان با

---

[۹] Spencer Abraham, comments before the House International Relations Committee, Washington, D.C., June 20, 2002, Quoted in Blood and Oil- The Dangers and Consequences of America's Growing Dependency on Imported Petroleum, by Michael T. Klare, Owl Books, 2004

انرژی صادر شده از این منطقه، قدرت حرکت پیدا کرده است. پس امنیت این منطقه در حقیقت به معنی امنیت تولید، امنیت گردش کالا، امنیت زندگی روزانه و روشن نگاه داشتن چراغ ها و گرم کردن خانه های بیلیون ها مردمی است که در اروپا و امریکا و چین و هند و بسیاری کشورهای دیگر زندگی می کنند.

اینجا همان جایی است که ایرانی ها دست بالا را دارند. نه فقط کلیدی از کلیدهای بازار جهانی انرژی در اختیار آنهاست، که با توجه به نیاز چین، رقیب بیرحم اقتصادی امریکا، ایران امکان مانور بین این دو ابر قدرت جهانی را داشته و می تواند در رویارویی قدرت های جهانی در منطقه به نفع هر کدام از آنها به انتخاب خود نقشی حیاتی ایفا نمایند.

جمهوری اسلامی ایران خود به خود تهدیدی برای ایالات متحده نیست و مساله سازش با رژیم ایران و یا تغییر رژیم در حقیقت از اینجهت برای امریکا اهمیت فوری دارد که این رژیم منافع ملی ایالات متحده را در آینده در منطقه تهدید می‌کند.

هم امریکا و هم ایران هر دو خوب می دانند که جمهوری اسلامی ایران نه از نظر نظامی و نه از نظر اقتصادی تهدیدی برای آمریکا نبوده و نیست؛ یعنی در حقیقت جمهوری اسلامی ایران در حوزه‌ی رقبای امریکا نیست آنطور که چین، اتحادیه‌ی اروپا، روسیه و ژاپن می‌توانند باشند. اما اهمیت ایران با توجه به امکاناتش در منطقه در این است که می‌تواند با ایجاد ناامنی و قراردادن منابع انرژی خود و دیگران در اختیار رقبای ایالات متحده، قدرت این کشور و جایگاه آینده‌ی ایالات متحده را در مجموعه مناسبات جهانی به خطر اندازد.

بازسازی مناسبات امریکا و ایران، در واقع چین را در آینده خلع سلاح کرده و بازی جهانی و منطقه ای را به نفع امریکا برای همیشه تغییر خواهد داد و این مسلما به زیان چین بوده و منطقا آنها موافق پیشرفت مذاکرات نخواهند بود.

اینجا همان جایی است که نه فقط ایران و امریکا، بلکه همه کشورهای منطقه و اروپا نیز از تنش زدایی در رابطه امریکا با ایران سود می برند. زیرا

همگی زیر یک چتر امنیتی برای مقابله با رقیب غول آسای آینده، یعنی چین، منافع واحد و مشترک دارند.

شاید اسراییل یگانه کشوری در منطقه است که در این مورد یعنی امنیت منطقه نفع آنی و آتی روشنی در مقایسه با دیگر کشورهای ساکن این منطقه ندارد و تا حدود زیادی از تنش های منطقه ای به نفع خود سود برده است. اسرائیل تنها کشوری است که نه از کشورهای صادرکننده انرژی حاشیه خلیج فارس است که از وضعیت ناامن منطقه خلیج فارس زیان اقتصادی یا نظامی ببیند و نه در رقابت جهانی بازیگر اصلی است. اسرائیل در هر وضعیتی در سایه امن حمایت امریکا در منطقه به زندگی خود ادامه خواهد داد. آنچه برای اسرائیل اهمیت دارد، کاهش قدرت های منطقه ای است و حفظ قدرت مسلط منطقه ای خویش. این امر بویژه زمانی که قدرت های منطقه ای با اسرائیل مناسبات خصمانه دارند، از اهمیت بیشتری برخوردار است.

پس نتیجه اینکه از نظر امنیتی در منطقه تنها کشوری که از ادامه تنش موجود در مناسبات امریکا با ایران سود می برد، اسرائیل است، و در سطح جهانی روسیه و چین.

از نگاه امنیتی نه شیخ های عرب و نه ترکیه و نه مصر و اردن و سوریه، هیچ کدام از بازسازی مناسبات سیاسی و عادی سازی روابط میان ایران و امریکا خسارتی نخواهند دید. ایران نیز در این زمینه در کنار عراق بیشترین بهره را خواهد برد.

چشم انداز مذاکرات ایران و امریکا و پی آمدهای آن (گفتار چهارم)

صلح، کاهش تروریسم و عدم نیاز به اسلام گرایی بیشتر

در اینجا به این پرسش می پردازم که:

سرنوشت و چشم انداز منطقه خاورمیانه عاری از تنش و بحران دائمی میان امریکا، غرب، و اسرائیل با جمهوری اسلامی ایران چگونه خواهد بود؟

برای پاسخ به این پرسش شاید بهتر باشد نگاهی به تنش های موجود در منطقه در گذشته و حال انداخته و نقش جمهوری اسلامی ایران را در این میان بررسی نماییم. با بررسی این تنش ها خواهیم دید که زدودن این تنش ها در شرایط کنونی به سود هردوکشور است. در این بخش بدین می پردازم که عادی سازی مناسبات میان ایران و امریکا:

یک - زندگی در دو کشور عراق و افغانستان را برای مردم آنها امن تر کرده و ثبات حکومت در این دو کشور به ثبات و امنیت منطقه کمک خواهد کرد.

دو - خطر گسترش بیشتر تروریسم را از بین خواهد برد.

سه - به بهبود روابط ایران با همه کشورهای منطقه کمک نموده و خطر جنگ های آینده در این منطقه را از میان خواهد برد.

چهار - به حل مساله فلسطین، زخم کهنه این منطقه، کمک خواهد کرد و چشم انداز جدیدی را در روند صلح خاورمیانه در افق سیاسی آینده نمایان خواهد کرد.

پنج - زمینه های سیاسی برای رقابت های دینی و اسلام گرایانه در منطقه کاهش خواهد یافت.

در زیربا دقت بیشتر به جزئیات این موارد می پردازم .

یک – عراق و افغانستان

یکی از تنش های اصلی منطقه خاورمیانه در طول سالهای گذشته پس از حمله عراق به کویت و اشغال این کشور (۲ آگوست ۱۹۹۰) بوجود آمد. اشغال کویت توسط صدام موجب بزرگترین لشکرکشی امریکا و متحدین آن به منطقه خاورمیانه گردید که به یک جنگ همه جانبه برعلیه صدام منجر شد. جنگی که در نتیجه آن چند ده هزار نفر از سربازان عراق کشته و یا زنده به گور شدند واین در حالی بود که کمتر از ۵۰۰ نفر نیروی مهاجم کشته شدند.

مخارج این جنگ بیشتر از ٦٠ میلیارد دلار بود که تقریبا بیشتر آن را عربستان سعودی و کویت پرداخته و آلمان و ژاپن نیز مجبور به پرداخت ١٦ میلیارد دلار از هزینه های این جنگ شدند.

این عملیات در ۱۷ ژانویه ۱۹۹۱ آغاز شد و در ۲۸ فوریه ۱۹۹۱ آتش بس توسط بوش پدر، رئیس جمهور وقت امریکا، اعلام شد. امریکا و متحدین این کشور موفق شدند که با فرستادن ۹۵۰ هزار سرباز به این منطقه در عرض کمتر از یک ماه و نیم ارتش عراق را بیرون کرده و شکست مفتضحانه ای را به صدام تحمیل نمایند.

نتیجه مستقیم این جنگ، تضعیف یکی از قدرتمندترین کشورهای منطقه بود. عراق تا پیش از این جنگ از نظر تعداد نیروی نظامی با ۹۰۰ هزار سرباز آماده به خدمت و ۶۵۰ هزار نفر نیروی شبه نظامی و ابزار جنگی پیشرفته چهارمین قدرت نظامی جهان از نظر تعداد محسوب می شد. حکومت عراق به عنوان یکی از بزرگترین دشمنان جمهوری اسلامی ایران و اسرائیل در منطقه پس از این جنگ از پا در آمده و با ایجاد فضای پرواز ممنوع در بخش بزرگی از عراق که شامل کردستان می شد، عملا کنترل خود را بر بخش بزرگی از سرزمین خود از دست داد.

حکومت عراق پس از این جنگ دیگر هرگز موفق نشد که نقش گذشته خود را به عنوان یک قدرت منطقه ای بازسازی نماید و خطر این حکومت به عنوان یکی از دشمنان اصلی ایران تا درازمدت از میان رفت تا اینکه در حمله بعدی امریکا به این کشور در سال ۲۰۰۳ پس از فاجعه ۱۱ سپتامبر، به کلی سقوط نمود و برای همیشه بساط صدام و حکومت بعثی او از منطقه برچیده شد.

با فروپاشی حکومت صدام در عراق و به قدرت رسیدن شیعیان در این کشور، جمهوری اسلامی ایران نه تنها یکی از دشمنان قدرتمند منطقه ای خود را از دست داد، که به جای آن یک حکومت دوست، و یا شاید حتی بتوان گفت یک حکومت حرف شنو و متحد تمام عیار، در همسایگی خود یافت و برای نخستین بار در تاریخ عراق، شیعیان نقش اصلی را در حکومت این کشور در اختیار خود گرفتند. در کشوری که تا چند ماه پیش از سقوط صدام روحانیت شیعه کمترین امکان اعمال قدرت سیاسی در عرصه عمومی را نداشت، وضعیتی ایجاد شد که آیت الله سیستانی، مرجع تقلید شیعه با اصلیت ایرانی، به قدرتمندترین مرد سیاسی این کشور تبدیل شد و نه تنها رهبران سیاسی عراقی که نمایندگان سیاسی همه کشورهای غربی مانند امریکا موقعیت جدید او را به عنوان قدرتمندترین مرجع قدرت سیاسی در عراق به رسمیت شناختند.

ایرانی ها خوشحال از سرنگونی صدام و حضور شیعیان در رهبری حکومت جدید عراق، حالا فرصتی یافته بودند که با امریکا که چندصدهزارنیروی نظامی و کارشناس امنیتی و مشاور اقتصادی خود را در عراق مستقر کرده بود و در جنگ با بازمانده های حکومت صدام و القاعده ای ها گرفتار شده بود نیز تسویه حساب کنند. حضور نیروهای شیعه از جمله جریان قدرتمند مقتدی صدر به ایرانی ها و بویژه به سپاه قدس واحد عملیات برون مرزی سپاه پاسداران انقلاب اسلامی ایران، این فرصت را می داد که بیشترین عملیات ایذایی را برعلیه امریکا و متحدین آنها بکار گیرند.

ایرانی ها بدون اینکه گلوله ای از طرف امریکایی ها به کشور آنها شلیک شود، در سرتاسر عراق به شکار نیروهای امریکایی رفته و در یک جنگ مستقیم و غیر مستقیم - توسط نیروهای سپاه قدس و متحدین شیعه خود و یا

از طریق کمک رسانی به مخالفین امریکا در عراق – به مقابله با امریکا آمده بودند.

حضور نیروهای امریکایی درعراق و رویارویی آنها با جنگجویانی که به اشکال گوناگون توسط ایرانی ها پشتیبانی و تقویت می شدند یکی از دلیل های اصلی افزایش تنش های میان ایران و امریکا در دهه اخیر است. این تنش جدید در مناسبات میان دو کشور درست زمانی اتفاق می افتد که پس از سالها حکومت میانه روها و اصلاح طلبان بویژه در دو دوره از ریاست جمهوری آقای خاتمی، روابط دو کشور رو به بهبودی نسبی گذاشته بود و تقریبا همه شرایط لازم برای مذاکره و آغاز روند عادی سازی روابط سیاسی فراهم شده و قدم های ابتدایی آن نیز برداشته شده بود.

با روی کار آمدن نومحافظه کاران در امریکا و و دکترین سیاسی آنها در راستای حذف قدرت های منطقه ای، جمهوری اسلامی ایران نیز در لیست کشورهایی قرار گرفت که باید قدرت سیاسی اش کاهش پیدا می کرد. حادثه ۱۱ سپتامبر بهترین بهانه برای پشبرد این سیاست گردید.

ولی از آنجا که بهانه ای برای حمله به ایران در دست نبود، افغانستان و عراق پیشمرگه های ایران شدند. حمله به این دو کشور گرچه مقدمات حمله به ایران بود، اما مقاومت نیروهای مخالف امریکا در هردو کشور و گرفتار شدن امریکا در یک جنگ دراز مدت و فرسایشی که پیامدهای پرهزینه ای را در همه زمینه های اقتصادی و نظامی برای امریکا در داخل و خارج از این سرزمین داشت، عملا بخش اصلی این پروژه را که حمله نظامی به ایران بود را منتفی کرد. حالا امریکایی ها نه تنها امکان جنگیدن در جبهه سومی را در ایران نداشتند که حتی در این دو جبهه نیز چنان گرفتار آمده بودند که بدنبال راهی برای برون رفت از این بحران می گشتند. حالا حکومت ایران حداقل در عراق با تکیه بر نیروی شیعیان در حکومت و خارج از آن می توانست نقش مهمی را در میانجی گری نیز ایفا نماید.

حکومت ایران در افغانستان نیز با استفاده از همه امکانات خود به مقابله با مهاجمین امریکایی و ناتو مشغول شد. ایرانی ها در هر دو جبهه افغانستان

و عراق تا آنجا که در توان شان بود، چه مستقیم و چه غیرمستقیم، به جنگ با امریکا پرداختند.

امریکا در افغانستان نیز طالبان را که یکی از خطرناک ترین دشمنان حکومت جمهوری اسلامی ایران بود از پا در آورده و خیال رهبران جمهوری اسلامی ایران را در رابطه با این همسایه خود آسوده کردند.

تراژدی قضیه اما در این بود که هر دو کشور ایران و امریکا، چه در عراق و چه در افغانستان، در همان حال که با هم در جنگ بودند برای حفظ حکومت شیعه در عراق و حکومت کرزای در افغانستان، در کنار هم قرار گرفته و در حقیقت منافع واحدی را دنبال می کردند.

خاک عراق و افغانستان صحنه جنگ دو کشور شده بود ولی حکومت شیعه عراق و حکومت کرزای در افغانستان میانجی گفتگو میان ایران و امریکا و حلقه پیوند آنها نیز بودند. تنش موجود میان ایران و امریکا بر سر مساله افغانستان و عراق و دخالت های ایران در هر دوی این کشورها در درون خود دارای تناقضی است که هر دو کشور را در بن بست قرار داده است.

ایران از سرنگونی صدام و طالبان در عراق و افغانستان خشنود است و بدست امریکا از شر دو دشمن خود آسوده شده است و به هیچ رو خواهان بازگشت بازمانده های صدام و یک جریان بنیادگرای سنی هوادار عربستان در عراق نیست. و همچنین به هیچ رو تمایلی به بازگشت طالبان — متحد عربستان سعودی و قطر - در همسایگی مرزهای شرقی خود ندارد.

بنابراین، از نظر منطقی، ایرانی ها باید طرفدار ثبات و پایداری قدرت حکومت های کنونی در این دو کشور در همسایگی شرق و غرب خود باشند.

امریکا هم که با هزینه کردن بیش از یک تریلیون دلار و از دست دادن چندین هزار نیروی نظامی و مجروح شدن ده هزار تن از نیروهای نظامی خود به جنگ صدام و طالبان در منطقه آمده بود نیز خواهان ماندگاری حکومت شیعیان در عراق و کرزای در افغانستان است.

کاهش قدرت و فروپاشی هریک از دو حکومت عراق و افغانستان در حال حاضر برای امریکا شکست سیاست ها و سرمایه گذاری های این کشور در

یک دهه گذشته به شمار می‌رود، و برای ایران از دست دادن بهترین متحدین خویش در منطقه خواهد بود.

اشتباه نومحافظه کاران آمریکایی

اشتباه امریکا و نومحافظه کاران در اینجا بود که تصور نمی کردند که ایران باقی بماند و صدام و ملاعمر قدرت خود را از دست داده و جای آنها را کسانی بگیرند که دوست و متحد منطقه ای ایران گردند.

ولی چنین شد. آنها با مقاومت نیروهای جنگنده در عراق و افغانستان روبروشدند و ایران تا آنجا که در توان داشت در گرفتاری آنها در این دو کشور هزینه کرد تا مانع مرحله سوم عملیات آنها که حمله به ایران بود گردد. ایرانی ها موفق شدند. طرح حمله به ایران از طرف امریکا منتفی شد. رهبران نظامی امریکا آشکارا بیان کردند که توان بازکردن جبهه جنگ جدیدی را بر علیه ایران ندارند.

جنبش ضد جنگ در امریکا و جهان نیز با دیدن صحنه های دلخراش فجایع جنگی در عراق و افغانستان به اوج خود رسیده بود و در نتیجه بخش بزرگی از سیاستمداران در امریکا نیز با همراهی و همسویی با این جنبش، مخالفت آشکار خود را با یک جنگ دیگر بیان کردند. اوباما با توسل به همین جنبش و با سوار شدن بر امواج احساسات ضد جنگ نه تنها جایزه صلح نوبل را از آن خود کرد که برای اولین بار به عنوان یک سیاهپوست به ریاست جمهوری امریکا رسید و به قدرتمندترین مقام سیاسی جهان تکیه زد.

با پیروزی اوباما، قطعی شد که دیگر حمله به ایران منتفی است و او دست دوستی به سوی ایران دراز کرد که متاسفانه از طرف مقامات ایرانی مورد استقبال قرار نگرفت. اما پس از همه این سالها مهم اینست که هنوز هر دو کشور ایران و امریکا در مورد افغانستان و عراق خواهان ثبات حکومت های کنونی در این کشورها بوده و فروپاشی قدرت مرکزی در این دو کشور برای هر دو طرف ایرانی و امریکایی شکست محسوب می شود. با بازگشت طالبان، سعودی ها و قطری ها و ژنرال های پاکستانی پشت دروازه های شرقی ایران صف آرایی خواهند کرد و با کاهش قدرت شیعیان در حکومت مرکزی عراق، وزنه سیاسی به نفع سنی ها که بیشتر متاثر از جریانات

طرفدار ترکیه، عربستان سعودی، قطر می باشند چربیده و تنها امکان تاریخی بوجود آمده در عراق، یعنی قدرت گیری شیعیان در عراق و ایجاد "هلال شیعه" در منطقه به نفع ایرانیان برای همیشه از بین خواهد رفت.

امریکا نیز در این صورت بزرگترین شکست تاریخی خود پس از جنگ ویتنام را خواهد خورد و این ضربه جبران ناپذیری به اعتبار این کشور نه تنها در جهان و منطقه که در درون امریکا نیز خواهد بود.

پس اگر هر دو کشور ایران و امریکا برنده ثبات در منطقه ای هستند که بیشترین تقابل آنها در آنجا طی سالهای گذشته خودنمایی کرده است، احتمالا همین ثبات در منطقه پرتنش شاید بهترین دلیل منطقی برای تنش زدایی در مناسبات میان دو کشور باشد، جایی که علیرغم رجزخوانی های سیاسی در تمام سالهای گذشته، هر دو کشور پس از تنش زدایی در برقراری مناسبات سیاسی برنده خواهند بود.

نیروهای امریکایی پس از این همه تلفات و خسارتها می توانند ادعا کنند که پیروز شده و چنان که وعده داده بودند میدان را به سیاستمداران محلی واگذار کرده اند. آنها بدین ترتیب خود را پیروز اعلام می کنند. ایران نیز با وجود دو کشور دوست در شرق و غرب خود، از شر دو دشمن گذشته خود رهایی یافته است.

امریکا با تنش زدایی در مناسبات خود با جمهوری اسلامی ایران، با استفاده از نفوذ ایران در دو کشور عراق و افغانستان موفق خواهد شد که سه بحران بزرگ سیاست خارجی خود را در منطقه خاورمیانه یک جا حل کند.

از نظر نفوذ سیاسی، هیچ کشور دیگری موقعیت جمهوری اسلامی ایران را در رابطه با عراق و افغانستان ندارد. و اگر قدرت های دیگری مانند پاکستان در افغانستان از طریق طالبان امکان نفوذ یافته، نفوذ آنها بر طالبان نه در جهت حل مساله افغانستان و در راستای منافع امریکا، بلکه به عکس، در جهت شکست سیاست های امریکا در افغانستان و بازگشت دوباره طالبان به قدرت در این کشور است که برای امریکا افتضاح سیاسی خواهد بود.

در عراق عملا هیچ قدرت دیگری به اندازه ایران نقش تعیین کننده نداشته و حتی در منطقه کردستان عراق نیز جمهوری اسلامی ایران به دلایل گوناگون که در مطلب جداگانه ای قابل بررسی است، از هر کشور دیگری بیشتر تاثیرگذار است.

پس می بینیم که دو تنش برون زا در منطقه که در هردوی آنها یک سرقضیه در دست امریکایی ها بوده، ایران نه تنها بیشترین سود را برده که خود نیز با استفاده از موقعیت و قدرت خود، بیشترین ضربه را نیز به امریکا وارد آورده و دخالت های آنها را در این منطقه بسیار پرهزینه تر از آنچه آنها تصور می کرده اند، ساخته است.

با اینکه هدف پروژه امریکا در منطقه تغییر حکومت در ایران بود ولی حکومت ایران قدرتمندتر از گذشته در منطقه باقی مانده است.

حل بحران سیاسی میان ایران و امریکا نخستین نتیجه اش عاید مردم عراق و افغانستان شده و مرحله گذار در هردوی این کشورها را در روند ثبات سیاسی این دو کشور کم هزینه تر ساخته و چشم انداز سیاسی آن، حکومت های با ثبات در این دو کشور خواهد بود که ضمن همسایگی و دوستی با کشور قدرتمندی چون ایران، از کمک های امریکا هم در بازسازی سیاسی و اقتصادی و هم در رودررویی با جریان های تروریستی در این دو کشور بهره خواهند برد. یعنی این دو کشور می توانند به جای اینکه میدان جنگ باشند، به عرصه همکاری های اقتصادی و سیاسی ایران و امریکا تبدیل شوند.

دو – کاهش خطر تروریسم

تنش در مناسبات ایران و امریکا و جنگ این دو کشور در عراق و افغانستان، به رشد روزافزون تروریسم در این دوکشور و حتی در کل منطقه انجامیده است.

تروریسم القاعده ای گرچه محصول مشترک امریکا، عربستان سعودی و پاکستان در دوران اشغال افغانستان توسط روسها بود، اما در ابعاد جهانی به شکلی که اکنون امکان حضور پیدا کرده، وجود خارجی نداشت. در مطلبی درباره دگرگونی های منطقه پس از انقلاب اسلامی* به این مساله پرداخته

ام. انفجار تروریسم و رشد بی رویه آن در منطقه و گسترش آن به همه کشورهای خاورمیانه فاجعه ای است که سایه آن بر سرتاسر این منطقه افتاده است و در نهایت تاسف هنوز امریکا و برخی از کشورهای منطقه و اروپا در همان حال که ادعای جنگ با تروریسم را داشته و با یک دست به جنگ با آن می پردازند، با دست دیگر به کمک تروریسم شتافته و آن را بیشتر مسلح می سازند و چشم بر فجایع تروریسم در منطقه بسته اند.

بهترین نمونه این رفتار دوگانه امریکا و کشورهای اروپایی و ائتلاف ارتجاعی شیخ های عرب و رهبری اسلام گرای ترک در پشتیبانی از تروریسم در لیبی و سوریه است. امریکا در حالیکه در افغانستان و یمن و بعضی کشورهای دیگر با القاعده در جنگ است و در پی ترور و کشتار اعضا و رهبران این جریان تروریستی است و با هواپیماهای بی سرنشین و موشک های از راه دور مراکز آنها را هدف آتش خود قرار داده است، از سوی دیگر شاهدیم که آشکارا در حمایت از تروریست های القاعده ای و گروه های حامی آنها در جنگ با مخالفین خود در لیبی، سوریه و حتی در ایران با حمایت از جندالله که همان برادرخوانده القاعده است، به تسلیح و حمایت از آنها پرداخته و به قدرت گیری هرچه بیشتر آنها در کل منطقه خاورمیانه و بخش های وسیعی از کشورهای شمال افریقا کمک کرده است. تا جایی که امروزه دیگر القاعده نه تنها در یک یا دو کشور که در همه کشورهای این منطقه در شورش ها و موقعیت های بحرانی که پیش می آید نقش اصلی را یافته و با تجربه جنگ و کشتار حرفه ای که دارد، به سازمانده اصلی جنبش های اعتراضی در کشورهای بحران زده تبدیل می شود.

تروریسم همزمان به عنوان وسیله ای از جانب ایران نیز برای مقابله با امریکا و اسرائیل در طول این سالها بکار گرفته شده است. گاه همزمان هر دو کشور از گروه های تروریستی واحد بر علیه یکدیگر حمایت کرده و آنها را در جنگ غیرمستقیم علیه همدیگر بکار می گیرند.

اما نتیجه این عمل چه بوده است؟

شاید بطور موقت تقویت و سازماندهی تروریسم به هرکدام از این دو طرف دعوا خسارات و هزینه هایی را تحمیل کند، اما در دراز مدت، پیامد اصلی

آن ایجاد یک جریان تروریستی است که امروزه نقش اصلی را در ایجاد وحشت و ترور و ناامنی و کشتار در کل منطقه به عهده دارد. و روزانه با بمبگذاری و انفجار و ترور گاه چندین ده نفر را در این کشورها به خاک و خون می کشد.

بازسازی مناسبات ایران و امریکا شاید موثرترین گام برای توقف اینگونه عملیات تروریستی این دو کشور علیه یکدیگر باشد و به تروریسمی که به کمک سازمان های اطلاعاتی این دو کشور از میلیاردها دلار کمک مالی برخوردار شده و به انواع تکنولوژی کشتار دست یافته، پایان دهد.

شاید بتوان گفت که عادی سازی مناسبات ایران و امریکا در اولین مرحله به پایان جنگ تروریستی این دو کشور بر علیه همدیگر منجر شده و در مرحله بعد به کاهش قدرت جریان های تروریستی در منطقه بیانجامد. تنش کنونی میان ایران و کشورهای منطقه و اسرائیل، تقریبا همه سازمان های اطلاعاتی و امنیتی این کشورها را به سوی حمایت از گروه های تروریستی سوق داده که از تروریسم به نفع خود و بر علیه رقیب سیاسی خود سود می جویند.

ادامه وضع موجود به احتمال زیاد به ایجاد سازمان های تروریستی جدید و یا تقویت عنصر تروریستی در برخی از سازمان های سیاسی منجر خواهد شد. مهمترین خطر در رابطه با ایران شاید استفاده اسرائیل و عربستان و قطر از تروریست های جندالله و پژاک و رشد دادن آنها و تقویت عنصر تروریسم موجود در سازمان مجاهدین خلق باشد که اگر بار دیگر به تروریسم روی آورند دست کمی از القاعده نخواهند داشت. سازمان مجاهدین خلق مبتکر خودکشی های انفجاری هستند و حداقل دو دهه پیش از آنکه القاعده از شیوه خودکشی های انفجاری استفاده کند، به این ابتکار جنایتکارانه دست زدند.

ایجاد و یا تقویت سازمان های جدید تروریستی خطری است که در صورت ادامه تنش میان ایران و امریکا، افزایش خواهد یافت چنانکه نخستین پرده های آن را در ترور دانشمندان هسته ای ایران دیدیم و در آینده نه چندان دور شاهد ابعاد وحشت آور آن در منطقه خواهیم بود.

تجدید مناسبات و عادی سازی روابط میان دو کشور به این جنگ کثیف پنهانی که در منطقه در جریان است، پایان خواهد داد و به کاهش چشمگیر عملیات تروریستی منجر خواهد شد. این خود یکی از بزرگترین دستاوردهای مذاکرات برای مردم در منطقه خواهد بود.

سه ـ بهبود روابط ایران با کشورهای منطقه

ادامه تنش موجود در سیاست ایران با امریکا و اسرائیل می تواند در صورت عدم پیشرفت مذاکرات جاری، به جنگ های جدیدی در منطقه منجر گردد. به احتمال زیاد، امریکا آنطور که در عراق و افغانستان وارد جنگ تمام عیار شد، اینبار نه توانایی آن را دارد که وارد چنان جنگی شود و نه رهبران نظامی و بخشی عمده ای از سیاستمداران این کشور با چنین جنگی موافق هستند.

اما گزینه های دیگری در صورت افزایش تنش های موجود در نظر گرفته شده است.

تجربه لیبی و تجربه کنونی در سوریه یکی از این گزینه هاست. بخشی از اپوزیسیون ایران نیز آینده خود را در این تجربه ها جستجو می کند.

گزینه دیگر، جنگ منطقه ای است که شاید پس از آغاز مراحل ابتدایی آن در ترکیبی با مدل کنونی در سوریه نیز تکمیل گردد. این گزینه به احتمال زیاد می تواند یا از طریق حمله وسیع و در هم شکننده ای از طرف اسرائیل آغاز شود و پس از واکنش جمهوری اسلامی ایران به یک جنگ همه جانبه با درگیرشدن کشورهای دیگر منطقه و حمایت همه جانبه امریکا تکمیل شود.

این طرح گرچه ممکن است به بهانه از بین بردن توان اتمی ایران شروع شود، ولی هدف اصلی اش از پای درآوردن توان نظامی و از بین بردن تمام زیرساخت های ایران است. هدف این طرح از جانب اسرائیل، کاهش قدرت منطقه ای ایران برای همیشه است. برای اسرائیلی ها، جدای از اینکه کدام نظام سیاسی در ایران برسرکار باشد، پروژه کاهش قدرت ایران همواره مد نظر بوده است. طبیعی است که تکه پاره کردن ایران و تجزیه این کشور به چند کشور ضعیف و حرف شنو در اولویت قرار دارد و از همه مهمتر است

که در این پاره های کوچک، نوکران امریکا و مزدوران اسرائیل هرچه بیشتر در راس قدرت قرار گیرند.

به نظر می رسد که اگر حمله نظامی شروع شود و حکومت مرکزی در ایران توان نظامی و کنترل خود بر سراسر کشور را از دست دهد، موقعیت مناسبی برای پیشبرد پروژه های شبیه لیبی و یا سوریه در دستور روز قرار گرفته و از همین رو، به نظر من اگر مذاکرات ایران و امریکا شکست بخورد، ترکیبی از یک جنگ همه جانبه و مدل لیبی و سوریه را شاهد خواهیم بود. عربستان سعودی نیز می تواند به دلایل گوناگون آغازگر یک جنگ منطقه ای با ایران باشد. تهدیدهای گروه کشورهای همکاری خلیج در خقیقت بیانگرتمایل این مجموعه در بازی جنگ طلبانه ایست که در صورت شکست مذاکرات، می تواند به یکی از گزینه های جدی برای مقابله با قدرت ایران در منطقه تبدیل شود.

چهار – کمک به حل مساله فلسطین

با در نظر گرفتن توضیحات بالا می توان به این نتیجه رسید که یکی از پیامدهای مثبت مذاکرات و عادی سازی مناسبات بین ایران و امریکا در رابطه با کشورهای منطقه این است که امکان مانور را در تنش موجود بین امریکا و ایران از دست کشورهای مرتجع منطقه و اسرائیل خواهد گرفت. در نتیجه آن مساله فلسطین که یکی از موضوعات اصلی بحران زا در تمام چند دهه گذشته در منطقه بوده است می تواند با توجه به منافع جمهوری اسلامی ایران در لبنان و فلسطین و تاثیر نفوذ رهبران ایران بر حزب الله، حماس و دیگر گروه های فلسطینی، مسیر جدیدی را در حل مساله فلسطین پیش رو قرار دهد و ایرانی ها که خود امروز یکی از موانع تحقق صلح در خاورمیانه هستند، به عنصری برای پیشبرد روند صلح تبدیل شده و به حل این بحران کمک نمایند.

حل بحران فلسطین که جز ایجاد دو کشور مستقل فلسطینی و اسرائیلی راه حل دیگری ندارد و تا حدود زیادی همه گروه های درگیر فلسطینی نیز از این راه حل حمایت می کنند. همه محفل های پشتیبان فلسطینی ها را ملزم به پذیرش نتیجه روند صلح خواهد کرد. ایرانی ها نیز چنانکه بارها گفته اند، به نظر گروه های فلسطینی و نتیجه مذاکرات آنها احترام گذاشته و اگر روند

صلح با ایجاد دو کشور مستقل فلسطینی و اسرائیلی به پایان برسد، آنها نیز آن را قبول می کنند. این همان پذیرش محترمانه حق کشور اسرائیل از طرف ایران است که از طریق غیرمستقیم ایران نیز می تواند در تسریع آن رابطه نقش داشته باشد. حل این بحران که دستاویزی برای بسیاری از تنش های موجود در خاورمیانه است، برای حل بسیاری از مسائل و مشکلات کنونی در منطقه چشم انداز جدیدی بوجود می آورد. در چنین شرایطی، ایران از آن جهت که یکی از نیرومندترین کشورهای منطقه است، شاید بیش از کشورهای کوچکتر منطقه از افزایش ثبات و تنش زدایی سود ببرد.

معمولا در دوران ثبات و زمانی که حکومت های قدرتمند در منطقه فارغ از تنش به همکاری های صلح آمیز تن می دهند امکان مانور سیاسی و تشنج آفرینی از کشورهای کوچکتر گرفته شده و آنها نیز مجبور خواهند شد به اندازه وجود خود قدرت نمایی کنند. امیرنشین قطر در حال حاضر یکی از قدرت های کوچکی است که از خلاء مناسبات مسالمت آمیز میان قدرت های بزرگ منطقه ای سود برده و نقش فرا منطقه ای بشتر از قدوقواره خود به عهده گرفته است که در بسیاری از موارد نقشی مخرب و تنش آفرین برای کل منطقه است.

پنج – پایان دادن به رقابت های سیاسی اسلام گرایانه

یکی از فرض های دیگر می تواند پایان دادن به رقابت های اسلام گرایانه در این منطقه باشد. ما می دانیم که با انقلاب اسلامی در ایران و سازماندهی مقاومت بر علیه نیروهای اشغالگر شوروی در افغانستان، همانطور که در مطلب جداگانه ای بدان پرداخته ام، پیامدهای انقلاب ایران[1] در تمام منطقه خاورمیانه نوعی رقابت در اسلام گرایی آغاز شد که هنوز هم ادامه دارد. این رقابت که با رشد انفجارگونه همه منطقه را فرا گرفت، در اشکال گوناگون تا به امروز ادامه داشته است، از رقابت اسلام گرایی انقلابی ضد امریکایی مدل ایرانی با اسلام گرایی طالبانی و پس از آن اخوان المسلمینی

---

[1] نگاهی به دگرگونی های منطقه پس از انقلاب اسلامی تا کنون، مقدمه همین کتاب

گرفته تا رقابت اسلام گرایی شیعه با اسلام گرایی سنی. اما باید توجه کرد که اساس این رقابت ها و رشد اسلام گرایی کنونی و توسعه آن تا امروز و ظهور نوزایی اسلامی در منطقه زیر نام بهار عربی – یا شاید بهتر باشد بگوییم بهار اسلامی – و اوج گیری اسلام گرایی اخوان المسلمینی، می تواند متاثر از انقلاب و حکومت اسلامی در ایران و رشد اسلام گرایی در منطقه باشد.

حکومت های منطقه برای مقابله با نظام حکومت دینی در ایران و کنترل مردم خود در حمایت از این حکومت دینی می باید خود را به سلاح اسلام مجهز می کردند. برای آنها مقابله با یک حکومت اسلامی بدون مجهز شدن به سلاح مشابه دینی، هزینه بزرگی بوجود می آورد. بدون استفاده از دین، جنگ با یک حکومت دینی برای این حکومت ها اتهام شرک و کفر و ضدیت با اسلام را به همراه می آورد. اتهامی که می توانست در هر کدام از این کشورها پایه های حکومتی آنها را متزلزل نماید. به همین دلیل می بینیم که در همه کشورهای منطقه نوعی گرایش به اسلام گرایی بوجود می آید که نتیجه آن را می توان در رشد و تقویت حضور بی اندازه اسلام گرایان در همه کشورهای منطقه دید.

عادی سازی مناسبات میان کشورهای منطقه با ایران، در پی عادی سازی روابط امریکا با ایران، نیاز به رقابت در اسلام گرایی را از میان خواهد برد.

فروکش کردن اسلام گرایی در ابعاد رقابتی کنونی آن که حتی ترکیه لائیک را پس از ۸۰ سال به اسلام گرایی کشانده، موج اسلام گرایی را و سرمایه گذاری های سیاسی که در پشت آن پنهان شده اند را کاسته و به سکولاریزاسیون در کل منطقه کمک خواهد کرد.

همه ما به تجربه دریافته ایم که رقابت در اسلام گرایی در کل منطقه بیشتر در خدمت و تقویت عناصر بنیادگرایی بوده است. هر چه این رقابت سیاسی بیشتر شدت یافته، عنصر اصلاح طلبانه و میانه روانه دینی در این رقابت ها کمرنگ تر شده و عناصر بنیادگرایی آن در هر دو بخش شیعه و سنی رشد یافته اند.

به نظرم عادی سازی مناسبات امریکا و غرب با ایران، که پیامد مستقیم آن کاهش تنش میان حکومتی دینی ایران با کشورهای منطقه خواهد بود، زمینه های سیاسی رقابت در اسلام گرایی را نیز روز به روز کمرنگ تر کرده و در نهایت به نفع اسلام سیاسی اصلاح طلبانه و میانه رو خواهد بود. در نتیجه، فضای اسلام سیاسی بنیادگرای کنونی در منطقه را تلطیف کرده و نهایتا به نفع سکولاریزاسیون در کل منطقه است که پیش نیاز ضروری دمکراسی برای هر یک از کشورهای منطقه می باشد.

در پایان این بخش باید بگویم که با عادی سازی مناسبات میان ایران و امریکا منطقه ما در آرامش بیشتری خواهد زیست.

چشم انداز مذاکرات ایران و امریکا و پی آمدهای آن (قسمت پنجم)

ایران و اسرائیل دو حکومت امنیتی شبیه یکدیگر

در اینجا به این پرسش می پردازم که:

آیا لزوما عادی سازی مناسبات میان جمهوری اسلامی ایران با ایالات متحده امریکا به معنای عادی سازی مناسبات ایران با اسرائیل خواهد بود؟

پیوند زدن عادی سازی مناسبات ایران و امریکا با برقرارسازی مناسبات سیاسی با اسرائیل خطایی است که بسیاری در این سالها به عمد و یا از روی ناآگاهی به بحث آن دامن می زنند.

مناسبات ایران با اسرائیل گرچه متاثر از رابطه ایران و امریکا خواهد بود و احتمالا پس از عادی سازی مناسبات میان این دو کشور چشم انداز برقراری آن بیشتر فراهم خواهد شد، اما گره زدن رابطه این سه کشور با یکدیگر خطاست و هیچ پیوند زمانی برای آن نباید فرض کرد.

اسرائیل و ایران: دو حکومت امنیتی

کسانی که به دنبال عادی سازی همزمان رابطه ایران با دوکشورامریکا و اسرائیل هستند، و یا به رسمیت شناختن اسرائیل و یا برقراری مناسبات ایران و اسرائیل را پیش زمینه رابطه با امریکا می دانند، عملا در راه عادی سازی مناسبات ایران و امریکا سنگ اندازی نموده و افق همکاری های این دو کشور را تیره و تار می سازند ضمن اینکه رابطه با اسرائیل را نیز موکول به ابد می نمایند. رابطه ایران با اسرائیل مطمئنا از نظر زمانی پس از عادی

سازی مناسبات ایران با امریکا بر قرار خواهد شد و پیچیدگی های خاص خود را دارد و از چند نظر قابل بررسی است.

قطع این رابطه گرچه به روزهای اولیه پس از پیروزی انقلاب در ایران باز می گردد ولی شدت خصومت کنونی در این رابطه را نمی توان و نباید صرفا تقصیر ایران دانست و همه تقصیر را به گردن ایران انداخت. هر دو کشور به دلایل گوناگون که مهمتر از همه آنها رقابت منطقه ای است، به دشمنی با هم کشیده شده و تا آنجا پیش رفته اند که به همه اشکال رودررویی از جمله ترور شهروندان یکدیگر نیز دست زده اند.

دو حکومت ایران و اسرائیل بسیار شبیه یکدیگر بوده و شبیه هم عمل می کنند، حکومت های امنیتی و پراگماتیست که برای رسیدن به اهداف سیاسی و منطقه ای خود حاضرند دست به هرکاری بزنند.

اسرائیل از همان سال های آغاز پس از انقلاب، به مرکزی برای فعالیت نیروهای مخالف انقلاب ایران و یکی از مراکز اصلی سازماندهی گروه های خرابکاری علیه حکومت ایران تبدیل شد. بسیاری از ساواکی ها و وابستگان به واحدهای ضداطلاعات و جاسوسی ارتش ایران به اسرائیل پناه برده و به سازماندهی حرکت های ضدانقلاب در ایران مامور شدند. اسرائیل در همان حال که در برانگیختن و تشویق عراق به حمله به ایران نیز نقش داشت، از فروش سلاح به ایران نیز خودداری نمی کرد. هدف اسرائیل از جنگ بین ایران و عراق، تضعیف هر دو کشوری بود که یکی – یعنی عراق – سردمدار حرکت های ضداسرائیلی بود و دیگری – یعنی ایران – می رفت که با هژمونی طلبی انقلابیگری اسلامی در منطقه به تحریکات ضداسرائیلی دست زده و به عاملی تعیین کننده بر علیه امنیت این کشور در منطقه تبدیل شود.

برای اسرائیل، تخریب و تضعیف هر دو کشور عراق و ایران پیروزی بشمار می رفت و اسرائیل تنها برنده جنگ ۸ ساله ویرانگر میان دو کشور بود.

اسرائیل در همان ابتدای جنگ در ژوئن ۱۹۸۱ نیروگاه های اتمی عراق را نابود کرد و با فروش انواع سلاح ها، از جمله موشک های پیشرفته TOW به ایران، به ادامه آتش جنگ دامن زده و نه تنها موجبات ویرانی و کشتار

در هر دو کشور را فراهم نمود که صدها میلیون دلار از فروش اسلحه به ایران سود برد. فروش اسلحه های امریکایی و اسرائیلی به ایران در زمان جنگ ایران و عراق از طریق اسرائیل در حالی انجام می گرفت که رسما روابط دو کشور قطع شده و رجزخوانی های سیاسی از هر دو طرف ایرانی و اسرائیلی گوش فلک را کر می کرد. مقامات ایرانی از یک طرف با فریادهای "راه قدس از کربلا می گذرد" به جنگ ویرانگر خود با عراق ادامه می دادند و هرساله آخرین جمعه ماه رمضان را به نام "روز قدس" به برگزاری بزرگترین راه پیمایی های ضد اسرائیلی اختصاص می دادند و در همان حال با خرید اسلحه از این کشور به کشتار "برادران مسلمان" خود در جبهه های جنگ با صدام مشغول بودند.

این تناقض و تضاد در رفتارهای دو کشور نشان می داد که علیرغم شعارها و رجزخوانی های سیاسی، آنجا که لازم است، مناسبات راه خود را می گشاید و اگر برای کشتار سربازان مسلمان عراقی بدست جمهوری اسلامی ایران نیاز به اسلحه امریکایی باشد، رهبران شیعه ایرانی ابایی ندارند که از طریق اسرائیل سلاح های مرگبار را خریداری کنند. طرف اسرائیلی هم مانعی نمی بیند که به کشوری که هر جمعه پس از نماز های جماعت شعارهای "مرگ بر اسرائیل" در آن طنین افکن است، اسلحه های پیشرفته بفروشد.

پس نتیجه می گیریم که اگر نیازی به رابطه دوطرفه میان دو کشور وجود داشته باشد و هر دو کشور نفع مشترک داشته باشند، هیچ مانعی وجود ندارد.

جمهوری اسلامی ایران اگر نخستین گام های تنش زدایی را در رابطه با امریکا بردارد، وارد رقابت های سیاسی جدیدی در منطقه می شود که به احتمال زیاد در آن هنگام، اسرائیل به بلوک ایران از نظر سیاسی تمایل بیشتری خواهد داشت. با اوج گیری موج جدید اسلام گرایی در منطقه شاهد شکل گیری یک بلوک بندی قدرتمند منطقه ای زیر پوشش اسلامی هستیم که اخوان المسلمین در آن دست بالا را دارد. وهابی های سعودی و دیگر شیخ های واپس گرای عرب نیز پشتیبان این جریان شده اند. رهبران اسلام گرای ترکیه هم رویای رهبری این بلوک را در سر داشته و تا حد زیادی هم با مانورهای ضداسرائیلی موفق شده اند که هژمونی این حرکت را در اختیار گیرند.

حفظ هژمونی اسلام گرایی در منطقه، نیاز به یک عنصر اساسی دارد که آن عنصر، ایجاد یک فضای اسرائیل ستیزی است که در کوچه وخیابان های کشورهای عربی مورد قبول واقع شود. این عنصر همان است که در طول سی سال گذشته جمهوری اسلامی ایران با استفاده از آن توانسته به دل مردم مسلمان در این منطقه راه یابد. رهبران اسلام گرای ترکیه نیز با همین فضاسازی های ضداسرائیلی طی چند سال گذشته به محبوبیت خود افزوده اند.

اما چرا این فضاسازی های ضداسرائیلی لازم است؟

به نظر می رسد که پس از نخستین خیزش های ضد دیکتاتوری در تونس و سپس در مصر، هم امریکا و هم رهبران حکومت های واپس گرا در منطقه متوجه این خطر شده اند و به دنبال راه چاره ای برای مقابله با آن می گردند.

برای مقابله و رویارویی با این خیزش ها، دو گزینه در مقابل امریکا وجود دارد.

دو گزینه در مقابل امریکا

یک: تسلیم به جنبش های ضد دیکتاتوری و پذیرش حکومت های ملی و دمکراتیک در این کشورها.

دو: "پشتیبانی" از دیکتاتورها تا آخرین روزها، و در نهایت ایجاد نوعی "سازش" میان بخشی از حکومت و یک جریان راست مذهبی.

تجربه نشان داده است که در همه موارد در سالهای گذشته، امریکا گزینه دوم را انتخاب کرده است. تا آخرین روزهای ممکن از دیکتاتورها پشتیبانی کرده و در نهایت با ایجاد نوعی سازش میان نظامیان وابسته به خود و بخشی از جنبش راست مذهبی به تحول در این کشورها تن داده است. تونس، مصر، و یمن نمونه های این سیاست هستند. در هرکدام از این کشورها، چه بن

علی، چه مبارک، و چه عبدالله صالح تا آنجا که ممکن بود مردم را سرکوب کردند و امریکا هم پشتیبان آنها باقی ماند و دست آخر ائتلافی از نظامیان حاکم و بخشی از جریان راست مذهبی قدرت را در اختیار گرفته و اساس نظام موجود را حفظ کردند.

گرایش به سرکوب جنبش ها، نه فقط گزینه برتر حکومت های مستبد در این منطقه است که امریکا نیز اگر این گرایش پیروز شود، با آن مشکلی ندارد. برای نمونه در بحرین می بینیم که طی چند سال گذشته از آنجا که سرکوب موفقیت آمیز بوده، و جنبش تا حدود زیادی فروکش کرده است، امریکا کمترین اعتراضی به وضعیت سرکوب در این کشور نکرده است و در همخوانی کامل با پادشاه بحرین، حامد بن عیسی، و نیروهای سرکوبگر عربستان سعودی در این کشور عمل کرده است.

امریکا همراه با دیکتاتورها در این منطقه از یک خیزش ضداستبدادی با گرایش ملی و دمکراتیک بشدت نگران است. از این رو، برای تغییر مسیر آن به منظور حفظ حکومت های وابسته، گزینه ای شبیه آنچه در مصر و تونس می بینیم در پیش می گیرد که هم تضمین وضعیت موجود برای امریکا از نظر سیاست خارجی آن کشورها باشد و هم تضمین حاکمیت نظام های موجود در این کشورها. یعنی آنگاه که اعتراض های مردمی قابل کنترل نیست، با اندک تغییر در دستگاه دولتی این کشورها تلاش می شود تا از فروپاشی نظام های حکومتی به معنای زیرورو شدن ساختارهای اصلی سیاسی-اجتماعی- اقتصادی در این کشورها پیشگیری شود.

این نگرانی از گسترش جنبش های اعتراضی، بویژه در مورد کشورهای چون عربستان سعودی یا امیرنشین های حاکم در حاشیه خلیج فارس از اهمیت بیشتری برخوردار است.

پس گونه ای اسلام گرایی که مورد پذیرش اخوان المسلمین مصر و رهبران اسلام گرای ترکیه و امیرنشین هایی چون قطر و کشورهای همکاری حوزه خلیج باشد، گزینه مناسبی شده است که هم امریکا بدان رضایت داده و هم همه کشورهای منطقه آن را می پذیرند. اما چنانکه پیشتر اشاره کردم، این گزینه باید یک عنصر ضداسرائیلی را به همان اندازه که اسلام گرایان ترکیه

در تعارف های سیاسی خود به کار می گیرند، در درون خود داشته باشد تا جاذبه مردمی پیدا کرده و حتی اسرائیل ستیزانی چون رهبری حماس را در کنار آنها قرار دهد.

بازی با این عنصر، بازی خطرناکی است و کنترل آن در آینده قابل پیش بینی نیست.

عنصر خطرناک اسرائیل ستیزی

این عنصر، یعنی وارد کردن نوعی اسرائیل ستیزی، حتی در ابعاد محدود مانند آنچه ترک ها طی سالهای گذشته به کار گرفته اند، مانند شمشیر دولبه کندی است که گرچه در حال حاضر نه بر علیه اسرائیل کارایی دارد و نه برعلیه حکام مرتجع منطقه، ولی در سالهای آتی می تواند در تماس با احساسات مردم کوچه و خیابان در دوره های معین تاریخی مانند حملات اخیر اسرائیل به غزه، لبه های آن تیز شده و کنترل آن در کوچه و خیابان از دست خارج گردد. در این صورت، این عنصر نه تنها در همه کشورهای عربی و اسلامی به یک خطر جدی برای آینده اسرائیل تبدیل خواهد شد که حتی می تواند به شکل گیری جنبش های سازمان یافته تری در کشورهای مرتجع منطقه بیانجامد. و چنین جنبش های سازمان یافته ای در این مرحله می توانند بالقوه به خطری جدی علیه حکومت های مستبد و خودکامه در این کشورها تغییر جهت دهند و از همه مهمتر به خطری بزرگ برای اسراییل تبدیل شوند .

با مشاهده این بلوک بندی جدید و سمت و سوی آینده آن، رودررویی جدیدی بوجود خواهد آمد. فرض بر این است که در این دوره مناسبات امریکا و ایران تا اندازه ای بازسازی شده و تنش میان ایران و جریان اسلام گرای اخوان المسلمینی در منطقه که در گذشته به شکل رودررویی شیعه و سنی شکل گرفته بود، از یک تضاد آشتی ناپذیر به یک تضاد درون بلوکی (یعنی بلوک متحد با امریکا و غرب) تغییر ماهیت می دهد. در این صورت وضعیت جدیدی در منطقه حاکم خواهد شد که در آن دیگر شاید شاهد جنگ هایی مانند جنگ ایران و عراق نباشیم. ولی در این وضعیت جدید هنوز رقابت درون بلوکی برای تامین سرکردگی در منطقه، دستیابی به منافع بیشتر و رقابت

برای سهم خواهی بیشتر میان ایران و کشورهای عربی و ترکیه باقی خواهد ماند.

در این وضعیت جدید، رهبران اسرائیل در بازی جدیدی میان بلوک بندی های تازه قرار خواهند گرفت. یک طرف ایران است با حکومتی امنیتی ولی احساسات مردمش بطور عمده ضدعربی ، در طرف دیگر حکومت های متزلزل حکام واپسگرای عرب با جمعیتی در کوچه ها و خیابانهای آنها با احساسات شدید ضد اسراییلی و ضد یهودی ، مسلما معامله با حکومت امنیتی ایران که کمترین مخالفتی از جانب مردم آن کشور بر علیه رابطه با اسراییل در آن دیده نمی شود برای اسرائیل گزینه بهتری خواهد بود. بدین ترتیب، احتمال عادی سازی مناسبات میان ایران و اسرائیل به تدریج می تواند فراهم شود.

ایرانی ها نیز در این رابطه از چند جهت سود خواهند برد.

ابتدا، باعث می شود که لابی قدرتمند اسرائیل در امریکا که یکی از موثرترین عوامل در سیاستگزاری امریکاست، از سیاست های ایران ستیز خود دست برداشته و به جای کوبیدن بر طبل جنگ امریکا با ایران ، روش دیگری درپیش گیرد.

دوم اینکه در رقابت سیاسی میان ترکیه و ایران در زمینه اسرائیل ستیزی، ترکیه یا مجبور خواهد شد که در سیاست های ضمنی ضد اسرائیلی خود تجدید نظر نماید، که عملا به از دست دادن رهبری اسلام گرایان ترک در کشورهای با اکثریت سنی مذهب و شرکای اخوان المسلمینی آن منتهی خواهد گشت. و یا اینکه در جهت اسرائیل ستیزی بیشتر به اشکال عوام گرایانه تر آن متوسل گردد که در این صورت حمایت امریکا و اتحادیه اروپا را نخواهد داشت و بعید است که ترکیه حاضر به ریسکی در این ابعاد گردد.

پس برنده باز هم ایران خواهد بود و اسرائیل نیز در این رابطه، برنده رقابتی است که نتیجه اش به خنثی شدن بیشتر ترکیه و اسلام گرایان در رابطه با ژست ضداسرائیلی آن خواهد بود.

این گمانه زنی سیاسی بر این فرض استوار است که از روابط پر تنش کنونی میان دو کشور ایران و امریکا، تنش زدایی شده و مناسبات دو کشور در جهت عادی سازی پیش رود. یعنی رودررویی نظامی احتمالی که فرض دیگر است، رخ ندهد. گرچه این دو فرض شاید به یک اندازه پایه در واقعیت های موجود در این زمان داشته باشد. چرا که اگر مذاکراتی که گویا مخفیانه در جریان است به نتیجه ای نرسد، به احتمال زیاد همه عناصر موجود برای تقابل نظامی نیز فراهم گشته است.

اعتقاد من بر این است که هم در امریکا و هم در ایران رگه های واقع بینی در رابطه با پیامدهای وحشتناک حمله نظامی به ایران وجود دارد. این واقع بینی، از آنجا که همه پیش زمینه های جنگ فراهم شده، این روزها بیشتر از پیش و فعالانه تر به دنبال جلوگیری از وقوع جنگی است که پیامدهای نامعلوم آن هم برای هر دو کشور ایران و امریکا و هم برای کل منطقه، خسارت های جبران ناپذیری به بار خواهد آورد. مذاکرات پنهان و نیمه پنهان کنونی نتیجه همین نگرانی واقع بینانه در هر دو کشور است.

در حال حاضر که آیت الله خامنه ای زنده است و هنوز دارای اقتدار کامل سیاسی است ، عادی سازی مناسبات با امریکا بخاطر اقتدار کامل سیاسی ایشان، برای حکومت ایران کم هزینه تر از هر زمان دیگری خواهد بود. با حضور آقای خامنه ای، برقراری این رابطه می تواند بدون ایجاد کمترین بحران سیاسی در کشور انجام گیرد. در حالیکه در فقدان حضور ایشان و آینده نامعلوم سیاسی در کشور و قدرت گرفتن کامل محافل نظامی و امنیتی، بازسازی این مناسبات شاید برای یک دوره دیگر تاریخی به عقب افتاده و بحران های حاصل از آن بسیار پر هزینه گردد.

حضور آقای خامنه ای در این دوران و نقش او در بازسازی مذاکرات با امریکا، درست یادآور حضور آقای خمینی و نقش ایشان در پذیرش قطعنامه ۵۹۸ است. اقتدار کامل ایشان نیز در آن دوره از تاریخ در امضای قرارداد صلح با عراق، از ایجاد هرگونه بحران سیاسی در کشور پیشگیری کرد.

در پایان به نظرم گرچه ایجاد مناسبات سیاسی با اسراییل در چشم انداز نزدیک قابل رویت نیست، اما پس از تنش زدایی از مناسبات میان دو کشور

ایران و امریکا و تغییرات حاصل از این تحول بزرگ سیاسی در منطقه ،می توان تصور دیدن طلیعه های اولیه ان را به اشکال گوناگون در افق سیاسی خاور میانه بار دیگر مشاهده کرد.

چشم انداز مذاکرات ایران و امریکا و پی آمدهای آن (گفتار ششم)

پیامدهای مذاکرات بر زندگی مردم، سیاست و اپوزیسیون

در این بخش به پرسش زیر می پردازم:

۹ . پیامدهای درازمدت و کوتاه مدت مذاکرات و احتمال رفع تنش و عادی سازی در مناسبات دو کشور در زندگی مردم چه بوده و تاثیرات سیاسی و اجتماعی کوتاه مدت و درازمدت آن چه خواهد بود؟

و به این منظور مایلم که چند نکته در نظر گرفته شود.

۱- پیامدهای اقتصادی و اجتماعی بر زندگی مردم در کشور
۲- پیامدهای سیاسی در کوتاه و دراز مدت
۳- پیامدهای کوتاه و دراز مدت برای اپوزیسیون ایران

پیامدهای مذاکرات بر زندگی مردم در کشور

آ- پیامدهای فوری: بهبود وضعیت زندگی مردم

تحریم های کمرشکن سالهای گذشته که روز به روز دامنه آن بر اقتصاد کشور در همه زمینه ها بیشتر می شود وضعیت اسفباری را بر اقتصاد کشور ما حاکم کرده است. در آمد حاصل از صادرات ایران چه در زمینه نفت و دیگر کالاهای انرژی زا و چه در دیگر زیمنه های بشدت کاهش یافته و واردات مورد نیاز کشور نیز به همین نسبت کم شده است. ارزش پول کشور در مقایسه با دیگر کشورها در بازارهای ارزی به پایین ترین قیمت در طول همه سالهای گذشته رسیده و گرانی حاصل از آن قدرت خرید بخش های وسیعی از مردم کشور را بشدت کاهش داده است. بر اثر تحریم ها طی یکی دو سال اخیر میلیونها نفر از مردم کشور به زیر خط فقر سوق داده شده اند. بیکاری حاصل از تعطیلی بسیاری از مراکز تولیدی بخاطر تحریم ها نیز برخیل بیکاران کشور افزوده و برای بسیاری از خانواده های ایرانی دسترسی به نیازهای اولیه زندگی را نیز دشوار و گاه غیر ممکن کرده است.

گرچه بسیاری از منتقدین وضعیت کنونی دولت احمدی نژاد و یا در کل، نظام اسلامی را مسئول مستقیم این وضعیت دانسته و بخشی از وضعیت کنونی را نتیجه عدم کارآمدی مسئولین می دانند. اما یک واقعیت را نباید و نمی شود منکر گردید و آن اینست که در مقایسه وضعیت امروز کشور با مثلا چهار سال گذشته که همین دولت ناکارآمد برسرکار بود، وضعیت زندگی مردم این چنین نبود. نرخ ارز، قیمت کالا، میزان بیکاری، جمعیت فقیر و بسیاری دیگر از شاخص های اقتصادی کشور کاملا با امروز متفاوت بود. علت اصلی همه این بدبختی ها در این یکی دوساله گذشته، افزون بر ناکارآمدی دولت و سیاست های نادرست آن، تحریم های کمرشکنی است که دقیقا به همین علت هم اعمال می شوند.

دلیل اصلی تحریم ها فلج کردن شریان های اصلی مالی و اقتصادی کشور است که هدف مستقیم آن نیز مردم هستند و چنانکه بارها و بارها از طرف مقامات غربی و یا حتی بعضی از چهره های اپوزیسیون که طرفدار اعمال تحریم ها هستند هم اعلام شده، هدف گرسنگی دادن مردم برای وادار کردن آنها به اعتراض و شورش بر علیه حکومت است. سال گذشته سناتور جمهوری خواه ایالت ایلینوی امریکا، مارک کرک، با صراحت اعلام کرد که "مانعی ندارد که غذا را از حلقوم مردم بیرون کشید."[۱۱]

نتیجه عملی تحریم ها و ارائه آن دقیقا همین است که غذا را از حلقوم مردم بیرون می کشد، یعنی قدرت خرید مردم را از بین می برد. یعنی کمبود و گرانی ایجاد می کند. یعنی کارخانه ها را به تعطیلی کشانده و به سپاه بیکاران روزانه می افزاید و جمعیت زیرخط فقر افزایش می یابد. از همه بدتر کمبود دارو و مواد بهداشتی است که در نتیجه آن روزانه هزاران نفر رنج می برند و در دراز مدت می تواند به یک فاجعه بشری منجر گردد. همین چند روز پیش بود که شنیدیم سه بیمار هموفیلی به علت کمبود دارو مردند.

---

[۱۱] http://thinkprogress.org/security/2011/10/12/342194/kirk-food-from-mouths-iran/?mobile=nc

مذاکرات بین دو کشور ایران و امریکا اگر قدمی به جلو رود، اولین دستاوردش از میان برداشتن تحریم ها خواهد بود، تحریم هایی که بیشتر از آنکه تعدادی از رهبران حکومت اسلامی برای آن هزینه پرداخت نمایند، میلیون ها مردم کوچه وخیابان از موافق و مخالف حکومت بدون کمترین تبعیضی دارند هزینه های مرگبار آنرا پرداخت می کنند و تا به امروز هم کمترین نشانه ای از تغییر در سیاست عمومی کشور را در جهت دمکراتیک سازی و رعایت حقوق بشر و دیگر زمینه های سیاسی و اجتماعی نداشته است.

تحریم های کمرشکن کنونی که بر ایران اعمال می شود را شاید بتوان با تحریم هایی که طی چندین دهه گذشته بر جزیره کوچک کوبا رفته است مقایسه کرد و یا با آنچه در کره شمالی و یا برمه شاهدش بوده ایم. آیا تحریم ها در کوبا و یا کره شمالی و برمه به تغییر حکومت در این کشورها منجر گردید؟

آیا در آوردن غذا از حلقوم مردم کوبا و یا کره شمالی و برمه به تغییر سیاست های این حکومت ها منجر شد و یا به استقرار دمکراسی در هیچ یک از این کشورها منجر شد؟ اگر در آن کشورها تحریم ها به تغییر سیاست منجر شده می توان نتیجه گرفت که در ایران نیز به تغییر سیاست حکومت منجر خواهد شد.

تحریم ها در حقیقت تنبیه مردم است. همانطور که سناتور کرک به صراحت می گوید تنبیه مردمی است که "حکومت آنها حمله (ترور) مستقیم را در خاک امریکا طراحی می کند." (*) اما قضیه را می توان از طرف دیگر آن هم دید: مردم در کشوری که حکومت آن با امریکا به توافق برسد، نه تنها تنبیه نمی شوند که لقمه گنده تری در دهان آنها گذاشته خواهد شد.

مذاکره دو کشور و رفع تدریجی تحریم ها از نگاه دیگری شاید پایان تنبیه مردم باشد. خانم کلینتون و دیگر رهبران امریکا بارها متذکر شده اند که پس از اولین توافق ها و اولین مراحل گفتگو حاضرند که بخشی از تحریم ها را برداشته و بدنبال توافق های بعدی به تدریج به لغو کامل تحریم ها اقدام کنند.

لغو تحریم ها یعنی فروش دوباره نفت ایران در بازارهای جهانی، یعنی افزایش دوباره درآمد کشور، یعنی امکان گشایش های اعتباری برای خرید و فروش در بازارهای بین المللی، یعنی افزایش ارزش پول کشور، یعنی افزایش قدرت خرید مردم کوچه و خیابان، یعنی بازگشایی بسیاری از کارخانه ها و راه اندازی کارخانه های جدید و جذب سرمایه های خارجی، یعنی کاهش بیکاری و فقر، و - از همه مهمتر یعنی امکان تهیه دارو و مواد اولیه برای کارخانجات داروسازی و تهیه دستگاه های پزشکی. در یک کلام، یعنی بهبود وضعیت روزانه زندگی مردم.

ب- پیامدهای دراز مدت: رشد بخشی خصوصی
در درازمدت تجدید مناسبات با امریکا و تقویت مناسبات اقتصادی ایران با دنیای غرب به تقویت بخش غیردولتی اقتصاد ایران کمک خواهد کرد. تقویت بخش غیردولتی اقتصاد، امکانات سرمایه گذاری را در زمینه های دیگر اقتصادی و در بخش های زیربنایی اقتصاد کشور کم کم فراهم کرده و تنوع سرمایه گذاری های حاصل از آن به ایجاد یک قشر بزرگ اجتماعی جدید در کشور منجر خواهد شد، قشری که به لحاظ نیازهای کاری و اقتصادی خویش کم کم امکان زندگی و عمل مستقل از حکومت یافته و همین استقلال عمل در مراحل بعدی به ایجاد یک نیروی اجتماعی جدیدی در مقابل قدرت حکومتی منجر خواهد شد.

تنوع سرمایه گذاری در بخش های گوناگون اقتصادی که یکی از پیامدهای مستقیم برقراری مناسبات با امریکا و غرب است، از پیش شرط های ضروری برای گذار جامعه به دمکراسی است. بدون دمکراتیک سازی در اقتصاد و زیربنای اقتصادی کشور و مستقل سازی نیروهای اجتماعی از اقتصاد بزرگ دولتی امکان دمکراتیک سازی در مناسبات اجتماعی و سیاسی تقریبا منتفی است.

طبیعی است که شریک های بزرگ اقتصادی امریکایی در صورتی که امکان بازگشت به بازار ایران را پیدا کنند، بیشتر تمایل دارند که با بخش های خصوصی کارکرده و در سرمایه گذاری های مشترک با آنها پروژه های خود را به پیش ببرند. این تمایل آنها بدلیل سودجویی بیشتر آنهاست، چرا که کنترل و یا کار کردن با سرمایه های کوچک به مراتب راحت تر از معامله

با دستگاه بزرگ و بوروکراتیک دولتی است که از توانایی های بیشتری در رقابت برخوردار است. اما همیّن نکته برای وضعیت کنونی در کشور ما به نفع ما خواهد بود.

دولت از طریق تکیه بر بخش بزرگی از اقتصاد، سایه خود را بر همه دیگر عرصه های جامعه پهن کرده است و تا زمانی که یک بخش بزرگ خصوصی و غیروابسته به دولت و به معنای واقعی آن، مستقل از حکومت شکل نگیرد، حذف سایه حکومت در پهنای همه جامعه ممکن نیست.

ما به یک اقتصاد بزرگ خصوصی در بخش های کلان و نیمه کلان در مقابله با اقتصاد دولتی نیاز داریم.

پ – پیدایش شرایط مبارزه صنفی

این موضوع فقط به بخش سرمایه گذاری مربوط نیست. زحمتکشان ما نیز برای اعمال سیاست های خود در بخش های خصوصی در مقایسه با بخش دولتی که همه ابزارهای سرکوب را نیز در اختیار دارد، در وضعیت به مراتب بهتری قرار خواهند داشت. آنها از نیروی کار دولتی خارج می شوند و سرنوشت آنها از سرنوشت دولت جدا خواهد شد. این جداسازی سرنوشت زحمتکشان از دولت اهمیت جدی دارد.

یک – بحران های سیاسی و اقتصادی دولتی تاثیر مستقیم و روزانه خود را بر زندگی زحمتکشان که به سپاه کار دولت تبدیل شده اند، تا حدود زیادی از دست خواهد داد. بنابراین با توجه به بحران هایی که طی سالهای گذشته دولت با آن مواجه بود، و در آینده نیز با آن دست و پنجه نرم خواهد کرد، استقلال نسبی زندگی زحمتکشان از بخش دولتی شرایط مساعدتری را برای آنها در پی خواهد داشت.

دو – اقتدار کامل دولت و در اختیار داشتن نیروهای سرکوب ویژه به دولت این امکان را می دهد که از هرگونه شکل گیری سازمان های اتحادیه ای کارگری در این بخش پیشگیری کرده و مبارزات کارگران به شیوه اعتصاب و یا کم کاری و کاهش تولید را به نام اخلال و مقابله با دولت بشدت سرکوب

کرده و هر گونه اعتراض صنفی را از آنجا که دولت یک طرف قضیه است، زیر عنوان اعتراض های سیاسی و رودررویی با مدیریت دولتی سرکوب نماید. در بسیاری از کشورها، زحمتکشان و حقوق بگیران و کارمندان در بخش های دولتی حق اعتصاب نداشته و عملا از توانایی های کمتری برای دستیابی به حقوق اقتصادی و صنفی در مقایسه با شرایط مشابه کار در بخش خصوصی برخوردارند.

یکی از نتایج مستقیم وجود یک بخش خصوصی بزرگ در اقتصاد کشور، ایجاد یک نیروی مستقل اجتماعی جدید است که بدون وابستگی به بخش دولتی، امکان عمل مستقیم بدست آورده و از قدرت سازماندهی بیشتر برخوردار بوده و امکان عمل و تاثیرگذاری اجتماعی و سیاسی آن به مراتب بیشتر خواهد بود.

به تجربه دیده ایم که در کشورهایی که یک بخش بزرگ و مستقل اقتصاد خصوصی در آنها وجود دارد، احزاب و سازمانهای سیاسی در مبارزات انتخاباتی خود برای کسب آرای بیشتر حاضرند در چانه زنی با اتحادیه های زحمتکشان، بخشی از مطالبات آنها را در برنامه های سیاسی خود گنجانده و پس از رسیدن به قدرت برای تحقق آنها تلاش کنند.

شاهد هستیم که در بیشتر موارد که سوسیال دمکرات ها حکومت را در دست دارند و یا دولت هایی که خود را حامی زحمتکشان قلمداد می کنند، حکومت در نقش حامی و وکیل مردم، در تامین خواسته های زحمتکشان شاغل در بخش خصوصی، جانب زحمتکشان را گرفته و در نتیجه دست آوردهای زحمتکشان در بخش های خصوصی به نفع همه زحمتکشان و حقوق بگیران در تمامی بخش های خصوصی و دولتی تمام می شود.

پس اگر فرض بر این باشد که عادی سازی مناسبات ایران و امریکا در دراز مدت به شکل گیری یک بخش خصوصی نسبتا بزرگ و مستقل از دولت در اقتصاد کشور منجر می شود، پس می توان نتیجه گرفت که ایجاد این بخش بزرگ مستقل غیردولتی در اقتصاد است نه فقط به دمکراتیزه شدن بیشتر دستگاه دولتی منجر خواهد شد، که به نفع زحمتکشان و بهبود شرایط کار و حقوق صنفی آنها نیز می باشد.

پیامدهای سیاسی

در کوتاه مدت

در کوتاه مدت، پیامد اولیه سیاسی مذاکرات شاید به تنش هایی در درون حکومت ایران منجر گردد. احتمالا بخش هایی از نیروهای درون نظام حکومتی به دلایل گوناگون از مساله مذاکرات سوء استفاده کرده و آن را علیه رقبای خود به کار می گیرند و سعی خواهند کرد که در پیشرفت مذاکرات کارشکنی کنند. بسیاری شاید مستقیم و غیرمستقیم مذاکره با امریکا را برای رهبری نظام ایران به عنوان یک عقب نشینی سیاسی تلقی کرده و بخواهند با رهبری نظام با استفاده از این موقعیت تصفیه حساب کنند. این موضوع حتی شاید از جانب کسانی مطرح گردد که خود مدعی بوده اند که مذاکره با امریکا می باید سالها پیش از این انجام گرفته و حتی شاید خود را پرچمدار مذاکره با غرب می دانند، ولی به هرحال امروز در رقابت سیاسی تلاش می کنند آن را منفی جلوه داده، عقب نشینی تلقی نموده و گاه با استفاده از اصطلاحاتی چون "نوشیدن جام زهر" این عمل را پیشاپیش تخطعه و محکوم نمایند.

مسلم است که تنش حاصل از این رویداد بزرگ تاریخی در سیاست ایران فضایی ایجاد خواهد کرد که بسیاری از جریانات سیاسی به دنبال استفاده از آن بوده و در نتیجه آن شاید تنش های جدیدی در کشور بوجود آید که حاصل آن در کوتاه مدت به حذف و سرکوب بخشی از جریانات سیاسی در داخل کشور منجر گردد. اما این امر موقتی است و منوط به نوع رفتار و چگونگی مواجهه شخصیت ها و گرایشات سیاسی درون کشور با آن است.

مسلما چنانکه در بخش اول همین سری مقاله ها اشاره کرده ام، جریان اصلاح طلب درون حکومت که در حال حاضر در حاشیه است نه تنها امکان بهره برداری از این حادثه تاریخی را نخواهند داشت که چه بسا تحت تاثیر فضای پس از تنش زدایی بطور موقت سرکوب شده و محدویت های جدیدی برای آنها ایجاد گردد. اما مسلما در دراز مدت با بازشدن فضای جدید سیاسی در کشور، آنها نیزخواهند توانست برای بار دیگر به اشکال گوناگون به صحنه سیاسی کشور بازگشته و در اطراف احزاب سیاسی و یا شخصیت های کنونی و یا جدید صف آرایی نمایند.

پیامدهای سیاسی در دراز مدت

در دراز مدت، تنش زدایی از مناسبت میان دو کشور و عادی سازی روابط، نگاه مسئولین کشور را بطور کلی در رابطه با امریکا تغییر خواهد داد و مسلما در سیاست های امریکا نیز تغییرات بنیادی در رابطه با ایران بوجود خواهد آورد که در تغییر نگاه مسئولین ایرانی نیز نقش اساسی خواهد داشت.

تخریب مناسبات دو کشور در سی سال گذشته و دشمنی بی اندازه و کوشش برای استفاده از هر فرصت ممکن برای صدمه زدن به یکدیگر عملا فضایی را شبیه فضای دوران جنگ سرد میان امریکا و شوروی بوجود آورده است. هر دو کشور ایران و امریکا در سی سال گذشته از همه اشکال موجود مبارزه و مقابله بر علیه یکدیگر سود جسته و عملا فضای بدبینی و سوءظن بوجود آمده در این دو کشور چنان است که هر اعتراض و حرکت سیاسی در ایران به امریکا و مزدوران آن نسبت داده شده و در امریکا نیز هر مورد از خرابکاری، ترور و تخریب چشم ها را متوجه مقامات ایران نموده و حتی در مواردی که آشکارا دیده شده که ایرانی ها کمترین دخالتی نداشته اند، باز مقامات امریکایی تلاش کرده اند که جمهوری اسلامی ایران را مظنون جلوه دهند، مانند مورد حمله تروریست های القاعده به برج های دوقلو در ۱۱ سپتامبر ۲۰۰۱، البته برخی اظهار نظرها و ادعاهای بعضی ازچهره های اپوزیسیون ایرانی که پس از شکست سیاست اصطلاح طلبی در داخل به اوج درماندگی سیاسی در خارج رسیده اند، نیز در ایجاد چنین سوءظن هایی نقش درجه اول را ایفا نموده اند.

تنش زدایی از روابط دو کشور و ایجاد فضای گفتگو میان مسئولین و برقراری مناسبات دیپلماتیک و باز شدن سفارت خانه های دو کشور در خاک یکدیگر کم کم موجبات برقراری دیگر مناسبات را فراهم خواهد کرد. برقراری مناسبات فرهنگی، روابط اقتصادی و سفر هیات های سیاسی – اقتصادی و دیگر هیات های نمایندگی باعث خواهد شد که نه تنها فضای سوءظن کنونی کم کم از بین برود، بلکه دو کشور نیز به سیاست های دشمنانه بر علیه یکدیگر پایان دهند. پایان سیاست های دشمنی آشکار البته به معنای پایان بخشیدن به فعالیت های جاسوسی و فعالیت های اطلاعاتی-نظامی-امنیتی بر علیه یکدیگر نیست، ولی دیگر شاید هیچ کدام از طرفین به هر شهروندی که متقاضی ویزا گردشی بوده و یا در یک هیات نمایندگی

بازرگانی وارد کشور آنها شده و یا به عنوان خبرنگار و یا دانشجو به کشور دیگر می رود به چشم یک جاسوس نگاه نخواهند کرد.

پایان بخشیدن به برنامه های امریکا برای براندازی نرم و سخت علیه حکومت ایران، به این دوره از بدبینی ها پایان داده و فشارهای کنونی به متهمین به اقدام علیه امنیت کشور کاهش یافته و یا از میان خواهد رفت. فضای مسموم کنونی در مناسبات دو کشور به شکل گیری پیش فرض های بیمارگونه ای در فکر مسئولین اطلاعاتی و امنیتی در هر دو کشور منجر شده است که در نتیجه آن هزاران ایرانی ساکن در امریکا مظنون به جاسوسی و همکاری با مقامات حکومت ایران شده و هر مسافر امریکایی در ایران به ظن جاسوسی تحت تعقیب و مراقبت قرار گرفته و گاه افراد بی گناهی برای ماههای طولانی تحت شکنجه و آزار قرار گرفته و قربانی این فضای مسموم شده اند.

از میان رفتن این فضای مسموم، پایان بسیاری از پروژه های اطلاعاتی و امنیتی است که در ابتدا به قصد کنترل روابط میان دو کشور و مسائل مربوط به آن تعریف شده و موجودیت یافته اند ولی بعدا سایه شوم خود را در همه ابعاد زندگی اجتماعی و سیاسی در کشور ما پهن کرده و فضای کشور را روز به روز امنیتی تر و اطلاعاتی تر کرده اند.

تصور من بر اینست که یکی از نتایج مهم تنش زدایی از مناسبت دو کشور در ایران تغییر نگاه مسئولین حکومتی ایران نسبت به امریکا و سیستم حکومتی این کشور است که می تواند راهگشای بسیاری از معضلات و بحران هایی باشد که حکومت ایران در سیاست خارجی و داخلی گرفتار آن است.

شرایط کنونی در مناسبات دو کشور تا حدودی یادآور دوران مک کارتیسم در امریکاست. دورانی که هر نوع نقد و مخالفت با اتهام جاسوسی برای شوروی و کمونیست بودن سرکوب می شد. امروز در ایران ما با نوعی مک کارتیسم روبرو هستیم، آن هم از نوعی که حسین شریعتمداری معمارش بوده و با استفاده از اتهام های جاسوسی برای امریکا و غرب، هر صدای مخالفی

را سرکوب نموده و حتی برای روسای جمهوری قبلی ایران نیز فضای تنفسی باقی نگذاشته است.

پیامدهای تنش زدایی بر اپوزیسیون

در کوتاه مدت

اپوزیسیون ایران بسیار متنوع بوده و گرایش های گوناگونی را دربر می گیرد که بررسی و تحلیل آن موضوع این مطلب نیست و باید در فرصت جداگانه ای به بررسی آن پرداخت. توجه من در این بخش به نگرش اپوزیسیون در رابطه با براندازی حکومت دینی در ایران و نقش پروژه های خارجی براندازی است که تقریبا تمام گروه های موجود در اپوزیسیون ایرانی چه مخالف و چه موافق این پروژه ها به این مورد توجه دارند.

گرچه برخی از گرایش های درون اپوزیسیون در پروژه های براندازی که توسط کشورهای خارجی تعریف و حمایت می شوند، شرکت مستقیم نداشته و در مواردی مخالف آن نیز هستند، اما تقریبا همه گروه های مخالف حکومت ایران در محاسبات خود جای معینی را برای پروژه های خارجی براندازی در نظر گرفته و در بسیاری موارد به دلیل حضور سنگین وزن این هیولای سیاسی گاه حتی بطور ناخواسته در این پروژه ها شرکت کرده و یا بطور ضمنی از آنها حمایت می کنند. این حمایت ضمنی و یا حضور ناخواسته و یا در بهترین حالت سکوت در مقابل این پروژه ها به این دلیل است که همه گروه های موجود کنونی بر این باورند که اگر قرار باشد آلترناتیوی جانشین حکومت دینی شود، این کار بدون دخالت مستقیم امریکا ممکن نیست. نمونه های عراق، افغانستان، لیبی، و هم اکنون سوریه، مدل هایی هستند که در دوران اخیر اتفاق افتاده و برای مخالفین ایرانی بسیار فریبنده می باشند.

این فریبندگی گاه در مواردی و در مورد برخی از افراد به شکلی از شیفتگی مزدورگونه رسیده است، که دلیل آن تا اندازه ای به استیصال سیاسی مربوط بوده و بیشتر شاید به قدرت طلبی بیمار گونه و دشمنی کور آنها مربوط می باشد، بهترین نمونه آن و شاید اسفبار ترین تجربه را سازمان مجاهدین خلق ایران از شکل گیری شورای ملی مقاومت به رهبری مسعود رجوی و انتقال سازمان مجاهدین به عراق و مزدوری مجاهدین خلق برای حکومت صدام

تجربه کردند و دو دهه پس از آن با با قدرت گرفتن نئو محافظه کاران در ایالات متحده در شکل گیری دکترین بوش-چینی در رابطه با منطقه خاورمیانه که در مرکز آن براندازی رژیم اسلامی ایران قرار داشت، افراد جدیدی اینبار نیز با همان انگیزه های آقای رجوی قدم در این راه گذاشته و برای اجرای پروژه های خارجی پیش قدم شدند.

در این سالهای انتظار نه فقط برخی گروه ها و شخصیت های سیاسی در انتظار حمله نظامی و یا دخالت های مستقیم خارجی در ایران بوده اند که حتی مردم عادی در ابعاد میلیونی نیز منتظر معجزه ای از خارج بوده و گاه از زبان فعالین سیاسی و اجتماعی نیز شنیده می شد که از حمله نظامی و هجوم ناوها و هواپیماها و بمب افکن های امریکایی استقبال هم می شود.

این وضعیت متاسفانه گرچه از نظر هیاهوهای سیاسی همیشه یک حالت برافروختگی موقتی در مجموعه اپوزیسیون ایجاد کرده و از همه بدتر یک امید واهی را در میان بخشی از مردم نیز بوجود آورده است، اما نتیجه آن جز این نیست که جریان های مخالف ایرانی به جای سرمایه گذاری بر عنصر درونی مخالف با حکومت دینی و تلاش در جهت سازماندهی نارضایتی عمومی و همکاریهای دراز مدت در میان گروه های سیاسی و دستیابی به یک برنامه مدرن سیاسی واقع بینانه، بیشتر به رقابت با یکدیگر بر سر دستیابی به منابع خارجی افتادند و از نیروی مردم غافل شده اند و به جای همکاری و مشارکت با یکدیگر برای دستیابی به یک ائتلاف دمکراتیک، به رقابت برای چنگ انداختن به فرصت های خارجی پرداخته اند.

این وضعیت در ده سال گذشته که منابع مالی بیشتری به پروژه های آلترناتیوسازی در خارج اختصاص داده شده، روز به روز بدتر شده است. در این بازی متاسفانه برخی از اصلاح طلبان پیشین که از ادامه سیاست اصلاح طلبی سرخورده شده و بخت خود را در این سوی مرزهای ایران جستجو می کنند، گوی سبقت را از دیگران ربوده و در یک رقابت تخریبی به جان یکدیگر افتاده اند. بعضی از این افراد چنان یک شبه ره صدساله را می خواهند طی کنند که گاه به نظر می رسد که از همان بدو تولد با اسلام و حکومت دینی و همه متعلقات آن بیگانه بوده اند و با آثار منتسکیو، کانت،

و جان لاک در دست از رحم مادر قدم به این سرای خاکی رنجه فرموده اند و طوری وانمود می کنند که انگار مدرنیته هم بدهکار آن هاست.

یکی از نخستین نتایج مذاکرات اگر به توافق هایی میان دو کشور بیانجامد، فروکش کردن فعالیت های همین بخش از اپوزیسیون خارجی خواهد بود که علت اصلی آن قطع احتمالی بخش بزرگی از منابع و سرمایه هایی است که در حال حاضر توسط امریکا و متحدین این کشور به پروژه های ضدایرانی اختصاص داده شده و این بخش از اپوزیسیون تمام موجودیتش به ادامه این منابع و پروژه های خارجی وابسته است. بسیاری از کنفرانس ها، گردهمایی ها، برنامه های رادیویی و تلویزیونی و تارنماها رو به خاموشی رفته و با خاموش شدن آنها بسیاری از افراد وابسته به آنها در این رابطه بیکاره خواهند شد.

این اتفاق در ابتدا شاید نگران کننده و ناامیدکننده باشد. در خارج از کشور بسیاری از افراد که به صورت حرفه ای در سپاه اپوزیسیون حقوق بگیر و وابسته در پروژه های خارجی مشغول به کار هستند، بیکاره شده و این بیکاری و محدود شدن برنامه های آنها مسلما در فضای عمومی داخل و خارج تاثیر موقت ناامید کننده ای خواهد داشت. حجم خبرسازی و توجه به مسائل ایران در رسانه ها کمتروکمتر شده و مسلم است که این امر موقتا به ضرر مخالفین حکومت اسلامی است و به تغییرات جدیدی در نوع مبارزه سیاسی و ایجاد سازمانها و جریان های جدید سیاسی منجر خواهد شد.

ب - اپوزیسیون مستقل ایرانی

در دراز مدت اما این امر نه تنها به زیان جنبش دمکراتیک در کشور ما نیست که این شوک گذرای دردناک در فعالیت های پرسروصدای تبلیغاتی اپوزیسیون خارج نشین ما را مجبور خواهد کرد که به فکر چاره ای اساسی افتاده و جای خودمان را در مبارزه سیاسی با حکومت پیدا کنیم. جای ما به عنوان اپوزیسیون دمکرات ایرانی در میدان رودررویی نظام با کشورهای خارجی و قدرت های منطقه ای نیست. ما نباید در شکاف و تقابل موجود بین ایران با امریکا و عربستان و قطر و دیگر قدرت های مرتجع منطقه جا خوش کرده و در این تقابل به سپاه ذخیره آنها و یا به اصطلاح به ستون پنجم دشمن تبدیل شویم.

جای ما در کنار مردم کشورمان و جنبش دمکراسی خواهی مردم ایران و در مقابله آنها با حکومت دینی است. ما نمی توانیم و نباید سرنوشت جنبش دمکراسی خواهی مردم ایران و سرنوشت سیاسی آینده خودمان را به عنوان جریان اپوزیسیون دمکراسی خواه ایرانی به پروژه های خارجی پیوند بزنیم.

مذاکرات و عادی سازی مناسبات سیاسی ایران و امریکا به انتظار سی و چند ساله ی اپوزیسیون ایرانی برای دگرگونی از راه دور پایان داده و ما را مجبور خواهد کرد که اگر به دنبال تحقق دمکراسی در کشور هستیم، دست به زانوی خود زده و جای واقعی خود را در این صف آرایی جدید سیاسی در کشورمان پیدا کنیم. جایی که سرنوشت ما به اراده خودمان بسته باشد و و زد و بند های حکومت با کشور های خارجی در ادامه کاری ما در مبارزه برای دمکراسی در کشورمان خللی ایجاد نکند.

ما به عنوان اپوزیسیون نظام اسلامی برای مقابله با نظامی که جز زبان زور و قدرت را نمی فهمد به قدرتی ملی برای مقابله با حکومت نیاز داریم. نمی توانیم در اتاق انتظار نشسته و منتظر تصمیم گیری ایالات متحده یا اسرائیل و عربستان سعودی و قطر بمانیم که آنها به چه شکلی قرار است مشکل خود را با حکومت جمهوری اسلامی حل کرده و نقش ما را تعیین کنند، می دانیم که حکومت هم به خودی خود عقب نشینی نخواهد کرد و با نصیحت هم سر عقل نیامده و فضای سیاسی را باز نخواهد کرد. پس اگر قرار است تحولی در اوضاع صورت گیرد و در این تحول بازیگر اصلی خود ما باشیم و نه دیگرانی که یا اعتمادی به آنها نمی شود کرد و یا که امر دمکراسی و حقوق بشر کمترین دغدغه آنها نیست ، پس باید دید که چه باید کرد؟

وظیفه اصلی ما سازماندهی قدرتی است که بتواند متکی به خود، امر مبارزه برای تحقق دمکراسی در ایران را به پیش ببرد و حکومت را وادار به عقب نشنی کرده و نقش اصلی را در این مقابله در اختیار داشته باشد ، به زبان ساده افسار در اختیار خودش باشد و نه در اختیار مذاکره کننده دیگری که نماینده وزراتخانه خارجی و یا سامان اطلاعتی و امنیتی کشور دیگری است که به دنبال منافع کشور متبوع خود است .

ما نیاز به سازماندهی قدرتی داریم که هرگاه کمترین تعرضی از خود نشان داده است پر هزینه ترین بحران سیاسی و شکننده ترین شوک های سیاسی را در تاریخ سی ساله گذشته به نظام دینی وارد آورده است و در نتیجه آن ریزش سیاسی را در تمام اندام های نظام دینی بدنبال داشته و نظام را گاه تا آستانه در هم ریزی فرو برده است . شاید بهترین نمونه اخیر آن تعرض میلیونی مردم در قالب جنبش سبز باشد .

این قدرت نهفته در جامعه، همان قدرتی است که در طول تمام تاریخ چه در کشور خود ما و چه در دیگر جوامع آفریننده بزرگترین تحولات اجتماعی و سیاسی بوده و همه انقلابات بزرگ و کوچک چه مسالمت آمیز و چه غیرمسالمت آمیز، در نتیجه حرکت و جوش و خروش و سازماندهی آن بوجود   آمده   اند .

به جای نشستن در اتاق انتظار ، اپوزیسیون وظیفه اش سازماندهی این قدرت نهفته عظیم مردمی است، و به نظرم پس از عادی سازی مناسبات با آمریکا و فرو کش کردن تنش میان دو کشور و پایان یافتن پروژه های بر اندازی از راه دور ، چاره ای نداریم که به این سو ، یعنی به سازماندهی قدرت مردم رو آورده و این به نظرم یکی از دستاوردهای بسیار گرانبهای سیاسی برای اپوزیسیون دمکرات و مستقل ایرانی است.

سوال اینجاست که آیا ما ، اپوزیسیون دمکرات ایرانی قدرت آنرا داریم که به همت و قدرت خودمان از عهده این نظام مستبد دینی بر آییم ؟ من اطمینان دارم که اگر مردم در دیگر کشور های جهان از پس نظامهای دیکتاتوری و مستبد در کره جنوبی، فیلیپین، آرژانتین، شیلی، گواتمالا و کشور های سوسیالیستی سابق در شرق اروپا و یا در آفریقای جنوبی بر آمدند، ما ایرانی ها هم می توانیم با تکیه بر قدرت خودمان از پس نظام متحجر دینی در ایران بر آییم.

حکومت ایران نه قدرتمندتر از حکومت های سوسیالیستی در شرق اروپا و اتحاد شوروی است و نه قابل قیاس با نظام آپارتاید در افریقای جنوبی و نه توانمند تر از حکومت های دیکتاتوری در امریکای جنوبی چون آرژانتین،

شیلی، گواتمالا و نه خونریزتر از حکومت اندونزی در دوران سوهارتو .
پس اگر مردم در همه این کشور ها با تکیه بر قدرت خود از پس این حکومت
ها بر آمدند ، ما هم می توانیم از پس نظام دینی در ایران بر آییم ، مهم این
است که ما نباید در وسوسه فروپاشی از راه دور توسط قدرت های خارجی
گرفتار شویم و سرنوشت جنبش دمکراسی خواهی ایرانیان را به دست
عناصر اطلاعاتی و کارکنان وزراتخانه های کشور های خارجی واگذار
نماییم .

کشور های خارجی با حل مسله امنیتی خود در منطقه و تامین منافع منطقه
ای خود بدون کمترین توجهی به مسأله دمکراسی و حقوق بشر، می توانند
براحتی چشم خود را بر رفتار حکومت با مردم بسته و جنبش دمکراسی
خواهی ایرانیان را فدای منافع ملی خود کنند.

چشم انداز مذاکرات ایران و امریکا و پی آمدهای آن (گفتار پایانی)

فرصتی که نباید از دست داد

۱۰. بهترین آینده قابل تصور در سیاست خارجی جمهوری اسلامی ایران با همین رهبری کنونی چیست؟

ابتدا بهتر است به شرایط کنونی سیاست خارجی امریکا نسبت به ایران نگاهی داشته باشیم.

چشم انداز سیاست خارجی امریکا نسبت به ایران

بیش از دو ماه از شروع نوشتن این سلسله مقالات می گذرد. اولین دوره ریاست جمهوری آقای اوباما به پایان رسید و دوشنبه هفته گذشته ایشان برای بار دوم در مراسم سوگند ریاست جمهوری شرکت کرد. او در صحبت تاریخی خویش گرچه مستقیم به ایران و تنش های موجود در منطقه اشاره ای نداشت اما بطور غیرمستقیم و اینبار با صراحت بسیار بیشتر از گذشته به تنش زدایی در سیاست خارجی امریکا اشاره کرد.

اوباما با تاکید بر اینکه "هیچ کشوری بیشتر از قدرتمندترین کشور جهان از صلح سود نخواهد برد." [۱۲]

---

[1]Obama's Second Inaugural Speech

http://www.nytimes.com/2013/01/21/us/politics/obamas-second-inaugural-speech.html?pagewanted=all&_r=0

از سیاست های جنگ طلبانه پیشینیان خود یک بار دیگر فاصله گرفت و به روشنی عنوان کرد که "ما مردم معتقدیم که جنگ دائمی پیش نیاز برقراری صلح پایدار و امنیت نیست."*

این سیاست نقطه مقابل سیاست رئیس جمهور پیشین امریکا، جورج بوش، است که با سیاست "حمله های پیشگیرانه" جنگ های افغانستان و عراق را آغاز نمود و با همان سیاست بدنبال جنگ در دیگر نقاط جهان از جمله ایران بود. اوباما با تاکید بر اینکه "ما از مردم مان دفاع خواهیم کرد" * باز آشکارا بیان داشت که "ما اختلاف هایمان را با ملت های دیگر در عین شجاعت از مسیر صلح حل خواهیم کرد." *

و با تاکید دوباره بر صلح متذکر شد "ما تنها وارث پیروزمندان در جنگ نیستیم، بلکه دستاورد آنها که در صلح نیز پیروز شده اند، با ماست. همانها که دشمنان قسم خورده را به مطمئن ترین دوستان ما تبدیل کردند و ما باید از تجربه های آنها بیاموزیم."*

اهمیت پیام اوباما در این دوره برای ما ایرانیان هنگامی بیشتر آشکار می شود که می بینیم او برای ریاست دیپلماسی خارجی خود آقای جان کری را انتخاب نموده و در کنار او در مقام وزارت دفاع این کشور سناتور چاک هیگل را در نظر دارد. این هر دو انتخاب بیانگر اینست که اینبار اوباما از آنجا که دیگر نگران انتخاب خود برای دوره دیگری در ریاست جمهوری نیست، تصمیم گرفته است که با یک ترکیب جدید و قدرتمند که متمایل به مذاکره و یافتن یک راه حل مسالمت آمیز برای بحران مناسبات میان دو کشور ایران و امریکاست، راه دیگری را در پیش گیرد. راهی که مسلما در امتداد سیاست های جنگ طلبانه رئیس جمهور پیشین امریکا نبوده و در تقابل آشکار با سیاست های جنگ طلبانه لابی اسرائیلی در امریکاست و با سیاست های دولت اسرائیل و آقای نتنیاهو فاصله ای آشکار دارد.

اوباما در دور پیش، نگران انتخاب خود برای دور دوم بود و زیر فشار لابی اسرائیل تلاشی را که در نخستین روزهای انتخابش برای بازسازی مناسبات دو کشور در پیش گرفته بود، متوقف نمود. با شکل گیری جنبش اعتراضی در ایران کم کم سیاست مذاکره و مصالحه او سمت و سوی دیگری در پیش

گرفت. اما با وجود تمام فشارهای لابی و دولت اسرائیل و محافل جنگ طلب در امریکا، او بشدت در مقابل سیاست جنگ طلبانه نتنیاهو ایستادگی کرد و حاضر نشد به جنگی که اسرائیل برای آغاز آن لحظه شماری می کرد تن دهد. در دوره پیش، اوباما سیاست مذاکره و مصالحه را پی نگرفت، اما موفق شد که جلوی جنگ و تقابل نظامی میان دو کشور را بگیرد و صراحت او در مخالفتش با حمله یک جانبه اسرائیل به ایران و عدم اطمینان به چنگ طلبان اسرائیل بر حمایت امریکا در صورت وقوع جنگ از آنها موجب شد که اسرائیل نیز از اقدام یک جانبه نظامی خودداری نماید.

در این دوره به نظر می رسد که آقای اوباما با تیم جدید خود تصمیم گرفته است که سیاست مورد علاقه خود را در این منطقه به پیش برده و از خود خاطره ای چون همانها که "دشمنان قسم خورده را به دوستان مطمئن مبدل نمودند" * باقی بگذارد.

این امیدواری با سخنان چندروز پیش آقای جان کری در مقابل کمیسیون روابط امور خارجی مجلس بیشتر شد. آقای کری با بیان اینکه "ایرانیان باید بدانند که هیچ مورد دیگری اینجا مطرح نیست" گفت که "اگر برنامه ایرانی ها صلح آمیز است آنها می توانند آن را ثابت کنند و این همان چیزی است که ما بدنبال آن هستیم."**

جان کری در همین رابطه گفت که "امیدواری وجود دارد که پیشرفتهای در عرصه دیپلماتیک بدست آید."**

افزون بر جان کری که مخالف سرسخت جنگ در دوران بوش بوده و همیشه از مذاکره حمایت کرده است، انتخاب آقای چاک هیگل برای سمت وزارت دفاع از اهمیت ویژه ای در این زمینه برخوردار است.

---

[1]**Kerry says Iran must come clean on nuclear program

http://www.cnn.com/2013/01/24/politics/kerry-nomination/index.html?iref=allsearch

چاک هیگل یکی از سرسخت ترین سناتورهای مخالف اسرائیل در ایالات متحده است. او یکی از تنها چهار سناتوری است که از امضای نامه ای در حمایت از اسرائیل در سال ۲۰۰۰ در دوران آقای کلینتون خودداری کرد. او حتی در سال ۲۰۰۱ یکی از دو نفری بود که به لایحه ای که برای تمدید تحریم های سخت ترعلیه ایران به رای گذاشته شده بود، رای مخالف دادند. او همیشه از مذاکره مستقیم با ایران حمایت کرده است. در عین حال او از سرسخت ترین مخالفان تشدید مسابقه تسلیحاتی است.

انتخاب چاک هیگل به سمت وزیر دفاع در کنار انتخاب جان کری نشانگر سمت و سوی جدیدی در سیاست خارجی و دفاع ایالات متحده امریکاست. سیاستی که آشکارا دیگر در گروگان لابی اسرائیل و جنگ طلبان حاکم بر اسرائیل نبوده و منافع امریکا را با نگاهی صلح طلبانه دنبال می کند.

صحبت های جان کری در مقابل کمیسیون روابط خارجی سنا بیانگر انعطاف کم سابقه ای است که مقامات امریکایی طی تمام سالهای گذشته از خود نشان داده اند. جان کری با تاکید بر صحبت رهبران ایرانی که "اهداف هسته ای آنها صرفا صلح آمیز هستند" تنها شرط را بازرسی های سرزده از مراکز هسته ای ایران عنوان کرد. چیزی که به قول او "دیگر کشورها این کار را کرده اند و هرروز آن را انجام می دهند و راهش بازرسی سرزده است."**

جان کری در همان جلسه اعلام کرد که "سیاست خارجی امریکا فقط توسط پهپادها و گسیل نظامیان این کشور تعریف نمی شود."**

بهترین گزینه سیاست خارجی ایران نسبت به امریکا

ایرانی ها فرصت تازه ای برای مذاکرات پیدا کرده اند. فرصتی تاریخی، فرصتی که اینبار هم رئیس جمهور اوباما و هم وزرای دفاع و خارجه با دست و دلبازی بیشتری آماده اند تا در مذاکرات، با حفظ منافع دو طرف و تامین صلح و امنیت منطقه، به طرف ایرانی امتیازات بیشتری واگذار نموده و به قول معروف در یک مذاکره و معامله برد-برد هر دو طرف با حفظ آبرو و با دست پر، صلح و امنیت را برای مردم خود و منطقه به ارمغان بیاورند و هرچه بیشتر از تنش و جنگ دوری گزینند.

رهبری جمهوری اسلامی ایران می تواند از این فرصت بی نظیر تاریخی به نفع صلح، امنیت در منطقه و آینده کشور بهره برده و این مهم به تاخیرافتاده تاریخی را به شکلی آبرومندانه حل و فصل نماید.

این مهم گرچه برای سالها به تاخیر افتاده ولی دیگر تاخیر جایز نیست. آقای اوباما مصمم است که این مشکل را حل و فصل نماید. مقامات ایرانی نیز باید بدانند که امریکا اجازه نخواهد داد که ایران به سلاح هسته ای مجهز گردد و چنانکه آقای کری گفت "ما هرکاری که لازم است انجام خواهیم داد تا از دستیابی ایران به سلاح هسته ای جلوگیری نماییم." **

فرصت همکاری مقامات ایرانی نیز در حال سپری شدن است و تاخیر بیشتر مسلما به زیان سیاست مذاکره و صلح و به نفع جنگ طلبان در هر دو سو است.

رهبری جمهوری اسلامی ایران، با اقتدار و کنترل موجود بر همه جناح های داخل نظام قادر است فارغ از هرگونه بحران سیاسی امر مذاکرات را مستقیما به پیش برده و سایه جنگ را برای همیشه از سر کشور دور نماید. جنگی که درصورت در گرفتن، فاجعه ایست که میلیونها قربانی و خسارتهای مرگبار برای مردم کشور بجا خواهد گذاشت و مطمئنا بیشترین بهای آن را پس از مردم، مسئولین و رهبران کشور پرداخت خواهند کرد.

فرصت مذاکرات همیشه باقی نخواهد ماند

رهبران جمهوری اسلامی ایران نیز باید چنانکه آقای اوباما در نخستین پیام نوروزی خویش اشاره کرد، مشت های گره کرده خود را باز کرده و دستی را که به طرف آنها دراز شده به گرمی بفشارند.

پایان

این مطلب به صورت سلسله مقاله ابتدا در وب سایت اخبار روز از نوامبر ۲۰۱۲ تا ژانویه ۲۰۱۳ به چاپ رسید

با احترام،

رضا فانی یزدی

۳۰ ژانویه ۲۰۱۳